TIERISCHES WIEN

Thomas Hofmann (Text), Reinhard Mandl (Fotos)

TIERISCHES WIEN

Eine Entdeckungsreise zu den
Tierskulpturen der Stadt

FALTER *VERLAG*

ISBN 978-3-85439-730-4

© 2024 Falter Verlagsgesellschaft m.b.H.
1011 Wien, Marc-Aurel-Straße 9
T: +43/1/536 60-0, F: +43/1/536 60-935
E: bv@falter.at, service@falter.at
W: faltershop.at

Autor: Thomas Hofmann

Fotos: Reinhard Mandl

Lektorat: Helmut Gutbrunner

Grafik und Layout: Marion Großschädl

Fotos: Seite 139, 140, 141, 174/175, 192 unten,
214, 232, 240/241 unten (Elefant): © Bildrecht, Wien 2024

Bildbearbeitung: Reini Hackl

Druck: Florjančič tisk d.o.o., SL 2000 Maribor

Wir haben bei diesem Buch im Sinne der Umwelt
auf die Verpackung mit Plastikfolie verzichtet.

INHALT

VORWORT

Löwen, Pferde, Giraffen, Schafe, Elefanten und Bären. Tiere in Wien sind so vielfältig, häufig und selbstverständlich, dass sie kaum wahrgenommen werden. Freilich ist hier nicht die Rede von Fiakerpferden, Hunden und Katzen oder den Tieren des Schönbrunner Zoos, sondern von steinernen Skulpturen und Plastiken aus Metall im öffentlichen Raum.

Seit vielen Jahren haben wir ein Auge auf die zahlreichen Tierskulpturen Wiens. Weniger den berühmten Reiterstatuen der Inneren Stadt galt unser Interesse als vielmehr den versteckten, kaum wahrgenommenen Tieren und Tiergruppen in städtischen Wohnhausanlagen. Sie finden sich auf Dächern, an Fassaden, versteckt hinter Zäunen von Kindergärten oder auf Spielplätzen und haben uns immer wieder in Staunen versetzt.

Stets offenen Auges haben wir nach dem Studium einschlägiger Bücher und Verzeichnisse im Jahr 2023 die Stadt systematisch durchstreift mit dem ehrgeizigen Ziel, möglichst alle freistehenden Tierskulpturen zu erfassen, zu dokumentieren und mit wenigen Worten zu skizzieren. Allein deren Fülle und Vielfalt hat uns überrascht. Die Frage, was freistehend in diesem Zusammenhang bedeutet, war nicht immer eindeutig zu beantworten, die Abgrenzung zum Relief manchmal schwierig. Im „Zweifelsfall" haben wir das Tier in unser Bestiarium aufgenommen, Mosaikdarstellungen sind in Ausnahmefällen erwähnt. Alle Tiersichtungen hier zu beschreiben hätte den Rahmen gesprengt.

Kunsthistorische Aspekte und Typisierungen kommen in Irene Nierhaus' Monografie „Kunst-am-Bau im Wiener kommunalen Wohnbau der fünfziger Jahre" (1993) ausführlich und mit akademischer Akribie zur Sprache. Unser Fokus liegt in der von Nierhaus aufgestellten Kategorie „Freistehende Objekte, die mit dem Bau räumliche Beziehungen aufnehmen". Die Kunsthistorikerin spricht von einem „steinernen Zoo". Dessen animalische Vielfalt zeigt sich eindrucksvoll in zahllosen Tierdarstellungen zwischen Floridsdorf und Liesing, zwischen Ottakring und Simmering. Das

Spektrum der Tierspezies ist kosmopolitisch, es reicht von arktischen Eisbären über amerikanische Bisons und afrikanische Giraffen bis zu australischen Kängurus. Ebenso anzutreffen sind Pelikane, Löwen, Elefanten, Nashörner und Seelöwen, auch heimische Haustiere wie Pferde, Kühe, Esel und Schafe tragen zur Vielfalt der Tierwelt auf der urbanen Arche Noah bei. Stellenweise nehmen Tierdarstellungen Bezug auf lokale Gegebenheiten und Flurnamen. Löwen und Adler werden vielfach gezielt als Symbole der Macht positioniert. Ähnliches gilt für die zahlreichen Reiterstatuen des Historismus. Dazu kommen unzählige Hauszeichen, auf die wir nur vereinzelt eingehen. Historische Zitate zeigen die Rezeption der Kunstwerke zur Zeit ihrer Entstehung.

Dominieren im Zentrum Wiens Adler, Löwen und Pferde, die allesamt die Macht der Herrschenden symbolisieren, wobei Letztere vielfach mit Reitern oder eingespannt in Quadrigen auftreten, nimmt die Tiervielfalt in den äußeren Bezirken zu. Die Innenhöfe und Fassaden zahlreicher Gemeindebauten, die ab den 1920er-Jahren errichtet wurden, eröffnen eine einzigartige animalische Artenvielfalt. Prägend war ab den 1950er-Jahren eine Generation von Künstlern und Künstlerinnen der Nachkriegszeit, die bei Fritz Wotruba studiert hatte.

Vielfältig sind auch die Materialien, aus denen die Skulpturen gefertigt sind, wobei Stein überwiegt. Marmore aus Carrara, Sterzing und Laas sind teure Gesteine, die meist im imperialen Kontext Verwendung fanden. Dazu kommt noch der heimische, grau gestreifte Wachauer Marmor. Weit verbreitet sind Leithakalke, weiße, rund 15 Millionen Jahre alte Gesteine von den Rändern des südlichen Wiener Beckens und vom Leithagebirge. Auch das Lindabrunner Konglomerat (15 Millionen Jahre) vom Westrand des südlichen Wiener Beckens ist häufig anzutreffen. Der Zogelsdorfer Kalksandstein aus dem Raum Eggenburg (21 Millionen Jahre) hingegen spielt bei den hier angeführten Tierskulpturen nur eine untergeordnete Rolle. Beliebt, weil vielfältig einsetzbar, sind ab den 1950er-Jahren auch Kunststeine. Das sind teils bunt eingefärbte Betonmischungen, sie sind kostengünstig, lassen sich leicht und

Alszeile 116–118: Kuh und Kalb (1964) aus Wachauer
Marmor von Alfred Kurz

schnell verarbeiten und in Formen gießen. Im Metallbereich hat
der Bronzeguss eine große Tradition, er ist auch im 20. Jahrhundert
beliebt und weit verbreitet.

Unser Ansatz fühlt sich keineswegs einer akademisch fundier-
ten Aufarbeitung und Kontextualisierung verpflichtet. Wir wollen
Vielfalt zeigen, auf Details hinweisen, jedoch keineswegs belehren.

Es ist die Freude am Schauen, am Entdecken, am Erforschen
der Stadt, an deren Geschichte und Geschichten, die uns auf unserem Rundgang begleitet, und das bei freiem Eintritt. Wir möchten
Sie zum Schauen einladen; die damit verbundene Freude, Faszi-
nation und Begeisterung sind ideale Wegbegleiter bei den Entde-
ckungsreisen durch die 23 Bezirke Wiens. Dieses Buch möge im
wahrsten Sinn des Wortes ein Vademecum sein.

Thomas Hofmann & Reinhard Mandl

Für Alfred Komarek

Burgring (Burggarten): Reiterdenkmal (1780) mit Franz Stephan von Lothringen von Balthasar Ferdinand Moll

DER ZOO IM ZENTRUM

Nirgendwo gibt es mehr Tierplastiken als in der Inneren Stadt. Ob aus Bronze, Kalk, Marmor oder Beton, stehend, posierend, liegend, lauernd oder überwältigt – die Zahl animalischer Skulpturen ist kaum zu überschauen. Sie alle zu erfassen, vorzustellen und zu beschreiben gliche einer herkulischen Aufgabe.

Im Burggarten, nur einen Steinwurf vom Mozartdenkmal entfernt, steht das → **Reiterdenkmal von Franz Stephan von Lothringen,** dem Gemahl Maria Theresias. Es ist das älteste Reiterdenkmal der Stadt, Balthasar Ferdinand Moll goss es zu Lebzeiten des Kaisers aus Blei und hoffte, der Hof würde es kaufen. Doch dem war nicht so, das Monument blieb im Besitz des Künstlers und kam in dessen Nachlass. Die Erben boten es feil: „[…] eine Statue zu Pferd über Lebensgrösse von harten weissen Metall, 10 Schuh hoch, und gegen 80 Zentner schwer, stellet vor den höchstsel. Kaiser Franz; – von diesen Stück kann auch allenfals das Pferd alleinig verkauft werden –" (*Wiener Zeitung*, 27. August 1785). Ebenfalls im Burggarten gilt es ein weiteres Tierdenkmal zu bewundern, den *Herkulesbrunnen.* Der Brunnen mit dem *wasserspeienden Nemeischen Löwen,* den Herkules zu bezwingen hatte, ist seit 1948 hier. Vorher war er im Esterházypark in Mariahilf, beim heutigen Haus des Meeres. An der burggartenseitigen Fassade der Neuen Burg entdecken wir hoch oben im Tympanon einen steinernen Bienenstock.

Entlang der Ringstraße ...

Weiter geht es im Uhrzeigersinn entlang der Ringstraße rund um den ersten Bezirk. An der Fassade des Hauses Opernring 11 erblicken wir im ersten Stock seltene *Tierszenen,* es geht um Leben und Tod. Links kämpft eine große *Echse* gegen eine *Raubkatze* (Leopard?), rechts ein *Greifvogel* (Adler?) gegen eine *Echse.* Die kämpfenden *Reptilien* erinnern an *Warane* oder *Krokodile.*

Richtung Heldenplatz finden sich links und rechts vom Heldentor zwei Tore mit steinernen Pylonenportalen. Die vier → **Adlerskulpturen** (1935) stammen von Wilhelm Frass, von 1933 an illegales Mitglied der NSDAP. Von ihm stammt auch ein im Denkmal des toten Soldaten in der Krypta des Heldenplatzes verstecktes, 2012 entdecktes Schreiben, das Huldigungen an den Nationalsozialismus enthält.

Auf dem Heldenplatz selbst dominieren die zwei wohl bekanntesten *Reiterdenkmäler* der Republik; sie stammen von Anton Dominik Fernkorn. Das *Erzherzog-Karl-Denkmal* – unter Karls Kommando konnte Napoleon 1809 in der Schlacht von Aspern besiegt werden – wurde am 22. Mai 1860 enthüllt. Das zwanzig Tonnen schwere Monument ruht nur auf den beiden Hinterfüßen des Pferdes – eine technische Meisterleistung Fernkorns. 1865 folgte das *Prinz-Eugen-Denkmal*, das Fernkorn, der 1862 einen Schlaganfall erlitt, nicht mehr selbst fertigstellen konnte. Sein Schüler Franz Pönninger vollendete das Werk. Neben den beiden Hinterbeinen musste hier der Schwanz als Stütze des Monuments herhalten, sodass es an die Eleganz des Erzherzog-Karl-Denkmals nicht heranreicht.

Hinter dem Eugen'schen Pferd befindet sich in der Neuen Burg der Eingang zur Nationalbibliothek. Die seitlichen Auffahrten und die zentrale Treppe werden von *vier sitzenden männlichen Löwen* (1913) flankiert, die bräunlichen Sandsteintiere stammen von Fritz Zerritsch dem Älteren.

... über den Maria-Theresien-Platz zum Justizpalast

Am Maria-Theresien-Platz, zwischen Kunst- und Naturhistorischem Museum, bestechen nicht nur die hübsch geschnittenen Buchsbäume, sondern auch zahlreiche Tiere. Wurde der → **Große Elefant** (1996) von Gottfried Kumpf zunächst als Fremdkörper empfunden, ist er heute ein Publikumsliebling. Bernd Lötsch, von 1994 bis 2009 Generaldirektor des Naturhistorischen Museums, platzierte – ohne lange zu fragen – das bronzene Tier (800 Kilo

Burgring (Heldenplatz): Adlerskulptur (1935) von Wilhelm Frass

schwer und 1,5 Meter hoch) vors Haus und machte so tausenden Touristen eine Freude (Stichwort: Selfie mit Elefant). Bei den vier *Tritonen-* und *Najadenbrunnen* (1890) aus weißem Carrara-Marmor in der symmetrisch angelegten Gartenanlage sind außer **Pelikan** und **Robbe** mehrere **Fische** und **Schildkröten**, drei **Krokodile, Riesenmuscheln** *(Tridacna gigas)*, ferner **Meeresschnecken** und eine **Steinkoralle** zu entdecken. Edmund Paul Andreas Hofmann von Aspernburg schuf den Brunnen an der Museumstraße beim Kunsthistorischen Museum. Der Brunnen gegenüber, beim Natur-

historischen Museum, ist von Hugo Haerdtl. Von Anton Schmidgruber stammen die beiden Brunnen zum Burgring hin. Die Vorbilder der vier Brunnen finden sich im Barockgarten von Schloss
Schönbrunn. An der Museumsfassade selbst sind ebenfalls Tiere
zu entdecken. Hinter der → **figuralen Darstellung von Asien** (Anton
Paul Wagner) an der Bellariastraße versteckt sich ein kleiner
Elefant.

Die *Rossebändiger* (1892) beiderseits der Stiegen zur Museumstraße stammen von Theodor Friedl, einem Schüler Fernkorns,
und stellen Germanen und Römer dar. Die zeitgenössischen Me-
dien zollten dem Meister größtes Lob. „In der unvergleichlich feu-
rigen Bewegung der Rosse liegt der Hauptvorzug der Friedl'schen
Schöpfungen" (*Wiener Allgemeine Zeitung*, 17. Dezember 1892).

Auch das alles überragende, 19 Meter hohe Maria-Theresien-
Denkmal von Caspar Zumbusch gewinnt durch monumentale
Reiterstatuen zusätzliche Bedeutung und Wirkung. Hoch zu *Ross*
sind vier bedeutende Militärstrategen aus der Zeit Maria There-
sias zu bestaunen: Leopold Joseph von Daun, Ludwig Andreas von
Khevenhüller, Gideon Ernst von Laudon und Otto Ferdinand von
Abensperg und Traun. Die feierliche Enthüllung fand am 171. Ge-
burtstag Maria Theresias, am 13. Mai 1888, statt.

Weiter den Ring entlang Richtung Parlament geht es am Palais
Epstein (1868) von Theophil Hansen vorbei. Auf der rückwärtigen
Seite des Häuserblocks, in der Hansenstraße 4–6, lohnt ein Blick
nach oben. Beiderseits des Balkons liegen seelenruhig *zwei steinernen Löwen*. Da ihnen Mähnen fehlen, werden es wohl Weibchen sein.

Hier befinden wir uns in Blicknähe zum Justizpalast (Schmerlingplatz 10). Auf dessen Auffahrtsrampe dominieren zwei mächtige *Löwen;* majestätische Männchen mit Mähne. Emanuel Pendl
schuf neben den beiden Tieren aus weißem Kalkstein auch die oft
abgebildete Statue der Justitia (1880) im Inneren des Justizpalastes.
Man sollte sich nicht damit begnügen, die Löwen aus der Ferne
zu betrachten, sondern nähertreten. Die massiven Eisengitter der
Tore sind reich an tierischem Rankenwerk. Bei den seitlichen To-

Bellariastraße 1 (Naturhistorisches Museum): Allegorie von Asien mit
Elefant (1889) von Anton Paul Wagner

Schmerlingplatz 10 (Justizpalast):
Tintenfisch mit 14 Armen von Heinrich Zita

ren sind es *acht Schlangen*, die eine Weltkugel umgeben, auf der eine nackte Frauenstatue steht (Künstler: Heinrich Zita). In der Mitte ist es ein → **Tintenfisch mit 14 Armen** ebenfalls mit Weltkugel sowie einem nackten Jüngling. In der Natur haben Tintenfische (Oktopoden) allerdings nur acht Arme. Der Grund für die wunderbare Armvermehrung waren wohl ästhetische Überlegungen des Künstlers, um eine gewisse Ähnlichkeit und Symmetrie mit dem Schlangengewurle herzustellen.

Auch beim Parlament (1874–1883), dem Hauptwerk Hansens, gilt es nach oben zu schauen. Die in den letzten Jahren auf dem Dach des Hohen Hauses aufwendig renovierten acht → **Quadrigen** von Vincenz Pilz, dem Lieblingsbildhauer Hansens, mit nicht weniger als 32 dunklen Bronzepferden sind ein Schmuckstück sondergleichen. Zu den 32 Pferden kommen noch – beiderseits der Auffahrtsrampen – vier bronzene → **Rossebändiger** von Josef Lax, dessen Entwürfe auf 1882 zurückgehen. Am Brunnen der Pallas Athene (griechische Göttin der Weisheit), nach einem Entwurf Hansens, reiten zu beiden Seiten Knaben auf *Delphinen*. Hugo Haerdtl schuf die Meeressäuger aus Laaser Marmor. Als goldener Schmuck der griechischen Göttin schlängeln sich an deren Oberkörper allerlei schmucke *Schlangen*. An den Sockeln der reich dekorierten eisernen Leuchten vor dem Brunnen sitzen – quasi in Augenhöhe – je vier → **Schwäne**, darunter sehen wir → **Widderköpfe**.

Via Volksgarten
zur Universität und zur Börse

Für Liebhaber des Kaiserhauses ist das → **Kaiserin-Elisabeth-Denkmal** im Volksgarten ein Must-see. Neun Jahre mussten vergehen, ehe Sisi, die Gemahlin Kaiser Franz Josephs, nach ihrem tragischen Tod am 10. September 1898 in Genf (Schweiz) in Wien ein Denkmal bekam. Sage und schreibe 67 Entwürfe wurden eingereicht; jene von Hans Bitterlich und Friedrich Ohmann kamen zur Ausführung. Ohmann zeichnet für das Gesamtensemble verantwortlich, Bitterlich schuf die Statue der sitzenden Majestät aus

Dr.-Karl-Renner-Ring (Parlament): Rossebändiger von Josef Lax
bei der Auffahrt, Schwan und Widderkopf an den Leuchten vor dem Brunnen
und Quadriga von Vincenz Pilz auf dem Dach

Dr.-Karl-Renner-Ring (Volksgarten): Kaiserin-Elisabeth-Denkmal (1907) mit Leonbergern, den Lieblingshunden der Monarchin, von Hans Bitterlich

Universitätsring (Liebenberg-Denkmal): Löwe (1890) von Johann Silbernagl

Laaser Marmor. Unsere Aufmerksamkeit gilt den beiden *Hunden*, die links und rechts der Statue der Kaiserin förmlich zu Füßen liegen. Noch vor der Denkmalenthüllung gab es Kritik und besserwisserische Kommentare. Die Hunde sind übrigens *Leonberger*, von denen die Kaiserin sieben besaß.

Obwohl es mit seinem neun Meter hohen Obelisken sehr groß und beeindruckend ist und auch an exponierter Stelle vis-à-vis der Universität steht, wird das 1890 enthüllte → **Liebenberg-Denkmal** viel zu wenig beachtet. Herr Liebenberg war von 1680 bis 1683 Bürgermeister von Wien und kümmerte sich bei der Zweiten Türkenbelagerung persönlich um die Verteidigung der Stadt. Als Befreier Wiens wird stets Jan Sobieski genannt; dieser kann aber von einem Denkmal mit einem bronzenen **Löwen** zu Füßen, wie es Johann Silbernagl für Liebenberg schuf, nur träumen.

Im Hof der Universität, die im Herbst 1884 eröffnet wurde, dominiert der *Kastalia-Brunnen* von Edmund Hellmer. Der Marmorstatue der sitzenden Kastalia, einer griechischen Quellnymphe, liegt eine bronzene **Schlange** zu Füßen. 2009 nahm die Künstlerin Iris Andraschek die Statue als Ausgangspunkt für ihre Intervention *Der Muse reicht's.*

Die Börse am Schottenring (Nr. 16) ist ein weiterer Bau (1873–1877) des dänischen Architekten Theophil Hansen an der Ringstraße. Dass Hansen hier auf denselben Bildhauer wie beim Parlament, Vincenz Pilz, setzte, der zwei **Quadrigen** auf das Dach der Börse pflanzte, verwundert nicht. Überraschend sind die Ikonografie und die damit verbundene Interpretation. „Die Gruppe stellt Gott Neptun mit seinem Viergespann vor und soll der angedeutete Wechsel von Ebbe und Fluth symbolisch das Steigen und Fallen der Course anzeigen" (*Illustrirtes Wiener Extrablatt*, 19. November 1875).

Stubenring, Stadtpark und Schwarzenbergplatz

Am Stubenring steht vor dem 200 Meter langen Regierungsgebäude, dem Verteidigungsministerium aus der Zeit der Monarchie, eine von Caspar Zumbusch stammende Statue. Sie stellt Josef Graf Radetzky als weitblickenden, weisen Strategen hoch zu Ross dar. Man beachte, dass das Pferd auf allen vier Füßen steht und somit eine gewisse Unverrückbarkeit des Militärstrategen signalisiert. Der erste Aufstellungsort der **Reiterstatue** war 1892 der Platz Am Hof (Nr. 2), dem Sitz des damaligen Verteidigungsministeriums. 1912 übersiedelte der Feldmarschall samt Ross und Sockel aus rotem Granit an die neue Adresse des Ministeriums. Würde Radetzky jeweils der aktuellen Adresse des Ministeriums folgen,

Parkring (Stadtpark): Pinguingruppe (1953) von Mario Petrucci

müsste er heute vor der Rossauer Kaserne stehen. Über dem Heer-führer prangt oben an der Fassade der mit 15 Metern Spannwei-te und einem Gewicht von vierzig Tonnen größte und schwerste *Doppeladler* Wiens. Er stammt von Wilhelm Hejda.

Im Stadtpark finden wir eine der wenigen Tierskulpturen jüngerer Zeit innerhalb der Ringstraße. Doch zunächst zum Ein-gang in der Johannesgasse: Hier schuf Friedrich Ohmann über dem Wienfluss ein imposantes Entree, das von zwei hohen Säu-len zwischen dem Kursalon zur Linken und der U4-Station zur Rechten flankiert wird. Je zwei schwarze *Adler,* geschmückt mit goldenen Lorbeergirlanden und zwei große Buchstaben, bekrönen die weißen Kalksteinsäulen. Das goldene G und das W sind Kürzel für die einst hier verkehrenden Stadtbahnlinien. G steht für Gür-tel, das wäre die heutige U6, das W für Wiental, das wäre die U4. Die angesprochene → **Pinguingruppe** aus dem Jahr 1953 befindet sich in der Nähe des Eingangs bei der Weihburggasse und stammt von Mario Petrucci aus Ferrara (Italien). Das Kunstwerk besteht aus vier drolligen Pinguinen. Die Frage, wo er die Vorbilder für die Tiergruppe fand, bleibt unbeantwortet. Der Tiergarten Schön-brunn kommt nicht infrage, denn die ersten Pinguine dort kamen erst im Jahr 1958.

Der nächste Reiter auf hohem Ross ist Karl Philipp Fürst zu Schwarzenberg aus der Werkstatt des gebürtigen Deutschen (Dresden) Ernst Julius Hähnel. Das *Schwarzenberg-Denkmal* (1867) hatte keine gute Presse. „Das Pferd, welches der Marschall reitet, ist wie aus Theilen verschiedener Pferde zusammengetragen" (*Die Presse*, 27. Oktober 1867).

Das Hotel Imperial, einst Palais des Herzogs Philipp von Württemberg, stammt aus der Frühzeit der Ringstraßenära. Es wurde 1862 bis 1865 errichtet, 1872/73 zum Hotel umgebaut und 1928 um zwei Geschoße erweitert. Wir blicken ganz nach oben und sehen im mächtigen Dreiecksgiebel eine große → **Figurengruppe**. Kybele, die griechische Göttermutter, lenkt einen Triumphwagen mit zwei *Hirschen* und zwei *Löwen* – die württembergischen Wappentiere.

Via Karlsplatz und Secession zur Oper und zur Albertina

An dieser Stelle lohnt via Dumbastraße ein Abstecher zum Karlsplatz, zum 1870 eröffneten Musikvereinsgebäude, einem weiteren Prachtbau von Theophil Hansen. Als Zierde auf dem First über dem Haupteingang prangt an höchster Stelle ein *Schwan*. Er sitzt auf einer Lyra und wird von zwei Kentauren flankiert. Als Bildhauer kommt wohl Franz Melnitzky infrage, der den Figurenschmuck schuf. Neben dem Musikvereinsgebäude sitzt auf einem grauen Granitsockel ein schwarz-goldener → **Pandabär** (Bronze), an den sich eine nackte Frau schmiegt. Die Skulptur wird bezeichnet mit „Unbekannter Künstler" (www.unbekannterkuenstler.at). Dahinter steckt Adalbert Wazek. Der Pandabär ist bei weitem nicht das einzige Kunstwerk des kauzigen Künstlers im öffentlichen Raum. 2015 gab es an dieser Stelle einen saxofonspielenden Panda („Sax Panda").

Am Beginn des Naschmarktes gibt es mit der 1898 eröffneten → **Secession,** dem „Krauthappel", einen animalischen Hotspot. Zunächst wären da je vier *Schildkröten* als Stützen der Blumenschüsseln aus blauem Mosaik beiderseits der steinernen Stiege. Links und rechts von der Tür kriechen zwei große, weiß getünchte *Eidechsen* am Mauerwerk herunter. Sie beäugen die Eintretenden argwöhnisch; sind in ihren Augen Videokameras versteckt, die uns observieren? Über der Tür sind dann drei von *Schlangen* umschlungene Gorgonenhäupter zu sehen. Über den goldenen Lettern von Ludwig Hevesis Spruch, „Der Zeit ihre Kunst – der Kunst ihre Freiheit", finden wir abermals vergoldete Schlangen. Seitlich am Gebäude schuf der damals dreißigjährige Koloman Moser mehrere *Eulenreliefs*.

Die legendäre *Marc-Anton-Gruppe* von Arthur Strasser rechts von der Secession war auf der Pariser Weltausstellung (1900) zu sehen, ehe sie am heutigen Standort ihre Bleibe fand. Auffallend neben dem männlichen Löwen, der das Gespann zieht, sind noch drei *Löwinnen,* die sich an die *Löwen* bzw. den Triumphwagen schmiegen. Um den Hals tragen sie eiserne Ketten, ein absolutes No-Go in der Tierhaltung!

Musikvereinsplatz: Pandabär von „unbekanntem Künstler"

Kärntner Ring (Hotel Imperial, 1862–1865): Kybele in einem von zwei
Hirschen und zwei Löwen gezogenen Triumphwagen von (?) Franz Melnitzky;
Stubenring (Regierungsgebäude): Wasserspeiende Löwenköpfe beim
Radetzky-Denkmal

Von hier geht es via Operngasse links an der Oper vorbei zur Albertina. An der Vorderfront der Oper steht hoch oben der Name des Bauherrn und das Jahr der Eröffnung: „Kaiser Franz Joseph 1869". Über der Schrift entdecken wir einen *Löwenkopf* und zwei aufrecht sitzende *Adler mit Krone* als imperialen Figurenschmuck.

Das *Erzherzog-Albrecht-Denkmal* steht weithin sichtbar auf der Augustinerbastei. Es stellt den Erzherzog mit Federhut auf seinem *Pferd* sitzend dar. Man könnte auch sagen, wie der Vater, so der Sohn. Erzherzog Albrecht war der älteste Sohn von Erzherzog Karl, dem Sieger der Schlacht von Aspern, dessen Reiterstatue sich auf dem Heldenplatz befindet. Das Monument für den Filius, ein Werk von Caspar Zumbusch, wurde am neunzigsten Jahrestag der Schlacht von Aspern, am 21. Mai 1899, als letztes Reiterdenkmal enthüllt. Bei den Flussfiguren des → **Albrechtsbrunnens** (auch: Danubiusbrunnen) am Fuß der Augustinerbastei fallen bei der March ein *Greifvogel* und ein *Fisch* auf.

Nun zum Lobkowitzplatz. Das namensgebende Palais Lobkowitz (Nr. 2) beherbergt das Theatermuseum. Über dem Eingang finden sich zur Linken und Rechten eines Minibalkons steinerne Gefäße. Jedes ist mit vier kunstvoll verschlungenen *Schlangen,* die auch als Griffe dienen, verziert. So kommt man auf insgesamt 16 Schlangen. Noch ein Blick ins Innere: Hier befindet sich – gegenüber dem Eingangsportal – ein barocker Herkulesbrunnen. Uns interessieren die beiden Tiere, der *Nemeische Löwe* zu seiner Rechten und der *kretische Stier* zu seiner Linken, bekanntlich besiegte Herkules beide.

In der Burg: Josefsplatz, Michaelerplatz und Innerer Burghof

Auf dem Josefsplatz dominiert die *Reiterstatue von Kaiser Joseph II.,* ein am 3. November 1807 enthülltes Werk von Franz Anton Zauner. Als Vorbild diente Zauner die Statue von Marc Aurel auf dem Capitol in Rom. Das Modell dieses Denkmals steht im Schönbrunner Schlosspark (siehe S. 158), etwas abseits schräg gegenüber dem Palmenhaus.

Albertinaplatz (Danubiusbrunnen): Allegorie der March (1869)
mit Greifvogel und Fisch von Johann Meixner

Friedrichstraße 12 (Secession): Eidechsen beim Eingang,
von Schlangen umschlungene Gorgonenhäupter an der Vorderfront und
Eulenreliefs (Kolo Moser) an den seitlichen Fassaden (1898)

Über dem Haupteingang zur Nationalbibliothek befindet sich eine imposante Figurengruppe (1726) des Bildhauers Lorenzo Mattielli. In der Mitte die Göttin Minerva als Lenkerin einer *Quadriga*. Am Michaelerplatz gilt unsere Aufmerksamkeit der → **Macht zu Lande** (1897), dem monumentalen Brunnen bei der Reitschulgasse, einem Werk von Edmund Hellmer aus Laaser Marmor. Der → **Adler** in Angriffsposition ist beinahe in Augenhöhe. Mit aufgerissenem Schnabel und gespreiztem Gefieder attackiert er einen gestürzten Titanen. Doch dem *Adler* könnte eine listige *Schlange,* die sich im Hintergrund nach oben windet, zur Gefahr werden. Doch damit nicht genug: Über diesem Brunnen und auch beim spiegelbildlichen Pendant von Rudolf Weyr bei der Stallburggasse, der *Macht zur See* (1895), finden sich hoch oben zwei monumentale steinerne *Adler.*

Die vier Herkulesstatuen (1893) am Michaelertrakt, die die beiden Eingänge links und rechts vom Haupttor flankieren und von verschiedenen Bildhauern stammen, zeigen ebenfalls herkulische Heldentaten mit sagenhaften Tieren. Links außen tötet Herkules eine mehrköpfige *Hydra,* rechts davon kämpft er mit der Amazone Hippolyte, der ein *Seeungeheuer* mit aufgerissenem Rachen zu Füßen liegt. Rechts vom Haupttor befreit er Prometheus, ihm zu Füßen ein *Adler.* Rechts außen bändigt Herkules den dreiköpfigen *Höllenhund* Zerberus.

Weitere vier Darstellungen von Herkulestaten aus der Barockzeit (1728/29) befinden sich im Inneren Burghof bei den Toren des Reichskanzleitraktes, sie stammen von Lorenzo Mattielli. Zwei Darstellungen zeigen Herkules im Kampf mit Tieren, dem *Nemeischen Löwen* und dem → **kretischen Stier**. Mattielli schuf große Tierkörper, die sich über dem muskulösen Herkules erheben, als wollten sie ihn niederringen. Doch er besiegt sie mit der Kraft seiner bloßen Hände. Nicht unerwähnt soll der mächtige *Adler* aus weißem Kalkstein über dem Reichskanzleitrakt bleiben.

Michaelerplatz: Monumentalbrunnen „Macht zu Lande" (1897)
von Edmund Hellmer mit Schlange in Angriffsposition

Hofburg (Reichskanz-leitrakt): Kretischer Stier (1728/1729) von Lorenzo Mattielli

Hofburg (Michaelertrakt): Adler über den beiden Monumentalbrunnen am Michaelerplatz

Hofburg (Schweizertrakt): Löwen beiderseits des Schweizer Tores

Graben / Kohlmarkt: Reiterstatue als Relikt des
Reiserequisiten- und Waffengeschäfts „Zum Husaren" (1869)

Hier im Inneren Burghof, mit dem Denkmal von Kaiser Franz (Bildhauer: Pompeo Marchesi; 1846 enthüllt), posieren links und rechts vor dem Eingang zum Schweizertor die → **zwei frechsten Löwen Wiens.** Als wären sie nicht ohnehin als Könige der Tiere bekannt, tragen die aufrecht sitzenden Steinlöwen (Leithakalk aus St. Margarethen) auch noch eine Krone und strecken ganz frech ihre bronzene Zunge heraus.

Vom Kohlmarkt zum Hohen Markt und zur Wipplingerstraße

Der Kohlmarkt verbindet den Michaelerplatz mit dem Graben. An dessen Ecke (Graben 18 / Kohlmarkt 1) befindet sich am Dachfirst eine weithin sichtbare, auch oft fotografierte, grüne → **Reiterstatue.** Mit der Tatsache, dass sich hier ab 1869 das Reiserequisiten- und Waffengeschäft „Zum Husaren" befand, ist wohl auch das Reiterdenkmal erklärt. Oft übersehen werden indes über dem Geschäftseingang die vier nackten Knaben, die eine Schar *Tauben* aufscheuchen.

An der gegenüberliegenden Ecke (Tuchlauben 2 / Graben 21), wo seit den 1830er-Jahren die Erste österreichische Spar-Casse ihren Sitz hat, symbolisiert eine goldene → **Biene,** die wohl schönste und größte des Landes, Sparsamkeit und Fleiß.

Entlang der Tuchlauben kommt man zum Hohen Markt. Animalischer Höhepunkt ist die Apotheke → **Zum weißen Storch,** die auf das Jahr 1560 zurückgeht. Während des Zweiten Weltkriegs wurde die Apotheke beschädigt, auch das Wahrzeichen, der Storch an der Fassade, war verschwunden. Doch zum Glück fand das Wappentier, der *Weißstorch (Ciconia ciconia),* der täuschend echt aussieht, wieder seinen angestammten Platz.

Am Hohen Markt versammeln sich bei der 1915 vollendeten *Ankeruhr,* einem Meisterwerk des Jugendstils, stets Schaulustige, um die langsam vorbeiziehenden bunten Figuren (Werkstatt Hans Matsch) aus der Geschichte Österreichs zu bewundern. Kaum Beachtung hingegen finden der goldene *Schmetterling,* den der Puto

Tuchlauben 9: Firmenzeichen Storch der Apotheke
„Zum weißen Storch"

Graben 21: Firmenzeichen Biene im Lorbeerkranz (1838)
am einstigen Sitz der Ersten österreichischen Spar-Casse

links von der Uhr auf seinem Finger hält, und der quer liegende
Basilisk an der Basis der Uhr. Der Name der Uhr rührt von der hier
einst ansässigen Versicherung „Der Anker" (heute: Helvetia-Ver-
sicherungs AG) her. Am Firmensitz, Hoher Markt 10 und 11, fallen
beiderseits des Balkons über dem Eingang zwei sitzende Knaben-
figuren auf. Unser Augenmerk aber gilt dem *Bienenstock* links und
dem *Vogel* rechts, den sie in den Händen halten.

Die Wipplingerstraße führt zum Alten Rathaus auf Nummer
6 und 8, dem Sitz der Bezirksvorstehung. Das Gebäude hat eine
„barocke Fassade in der Art des Joh. Bernhard Fischer v. Erlach",
wie es auf der Erklärungstafel heißt. Demnach wären die goldenen *Adler* über den Fenstern im ersten Stock wohl dem berühmten
Architekten zuzuschreiben. Einen Kontrapunkt dazu finden wir
im Innenhof gegenüber dem Bezirksmuseum. Hier steht ein him-
melblaues *Plastikpferd* mit Blümchenbemalung. „*Flower Power*",
so der treffende Name, ist ein Relikt der Aktion „lipizzaner-art" im

Salvatorgasse 10: Taubenfries (1953) von Josef Pillhofer

Rahmen derer im Sommer 2003 unzählige bunt bemalte Plastik-hengste in der Wiener City herumstanden.

Parallel zur Wipplingerstraße befindet sich die Salvatorgas-se, wo wir über dem Eingang von Nummer 10 ein → **Taubenfries** (1953), das erste öffentliche Auftragswerk von Josef Pillhofer, se-hen. Von Pillhofer, einem Wotruba-Schüler, stammen zahlreiche, vielfach kubistisch geprägte Skulpturen der Nachkriegszeit.

Bei der Hohen Brücke der Wipplingerstraße geht's hinunter zum Tiefen Graben, wo seit 1456 im Untergrund der Alsbach ver-läuft. Stromaufwärts, also nach links, kommen wir zur Kreuzung Heidenschuß / Freyung. Am Eckhaus Strauchgasse / Heidenschuß, dem Palais Montenuovo, finden wir ein *Pferd* mit Reiter mit ge-zücktem Krummsäbel. Die stadtbekannte Sage von Türken, die sich im Untergrund einen Tunnel gegraben hatten, aber von einem Bäckerjungen entdeckt worden waren, der Schlimmes verhindern konnte, kennt mehrere Versionen. Jedenfalls wurde Wien damit um eine kleine Reiterstatue reicher. Stromabwärts, also nach rechts, geht der Tiefe Graben in den Concordiaplatz über. Hier (Concordiaplatz 3), am Beginn des Salzgries, erblicken wir wie-

der einmal Adler. Vier dunkle *Aare* mit ausgebreiteten Schwingen schicken sich an, von der steinernen Dachbalustrade abzuheben.

Geht man die Freyung hinauf, kommt man zur Schottengasse und zur Schottenkirche. Hier ist auch die Einfahrt zu mehreren Höfen des Stiftes Schotten. Im zweiten Hof, den man auch von der Helferstorferstraße erreicht, steht ein 1874 vollendeter Brunnen mit drei *Delfinskulpturen* über der erhabenen Brunnenschale.

Neuer Markt, Stephansplatz und Graben

Über die Tegetthoffstraße gelangt man zum 2022 rundum erneuerten Neuen Markt mit dem bekannten → **Donnerbrunnen.** Der Name hat keinen meteorologischen Ursprung, sondern geht auf den Bildhauer Georg Raphael Donner zurück. Eigentlich heißt er *Providentiabrunnen.* Er wurde in den Jahren 1737 bis 1739 errichtet und 1770 wegen der nackten Brunnenfiguren wieder entfernt. Die heutigen Brunnenfiguren sind Kopien der barocken Originale. Die ursprünglich bleiernen Figuren erwie-

Neuer Markt (Donner- oder
Providentiabrunnen,
Kopie von 1873):
Salmfisch, Putti mit wasser-
speienden Fischen und
Muschel von Georg Raphael
Donner

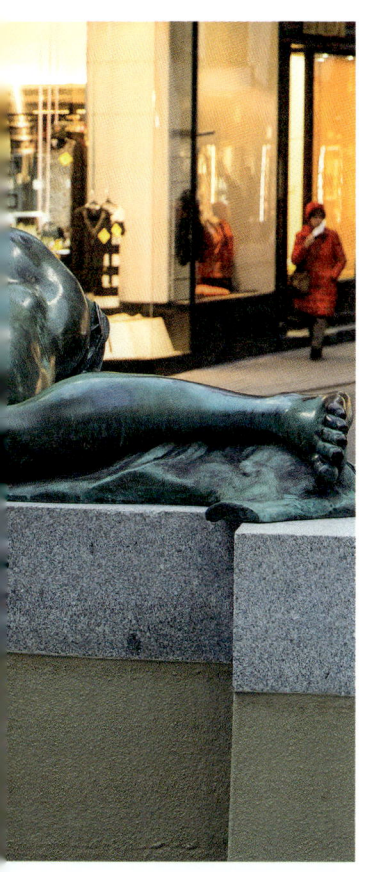

sen sich als wenig verwitterungsbeständig und wurden 1873 durch Bronzeabgüsse ersetzt. Die vier lässig liegenden Figuren am Beckenrand stellen die Flüsse Enns (alter Mann mit Ruder), March (weibliche Figur mit Muschel), Traun (Jüngling mit Dreizack) und Ybbs (weibliche Figur mit Gefäß) dar. Die wasserspeienden Fische der vier Putten sind *Hecht, Karpfen, Wels* und *Lachs.* Der große Fisch am Beckengrund, den man am besten im Winter sieht, wenn sich kein Wasser im Becken befindet, ein *Salmfisch,* ist den Lachsen zuzuordnen. Die große → **Muschel** gehört zur Gruppe der *Fluss- und Teichmuscheln.*
Weiter geht es via Kärntner Straße zum Stephansplatz. Die Adresse Kärntner Straße 5 erweist sich mit einem goldenen *Adler* an der Fassade als „Adlerhaus". Lohnend wäre ein Blick auf das gegenüberliegende Gebäude (Kärntner Straße Nr. 4). Ecke Graben befindet sich im → **Palais Equitable** (1891) der sagenumwobene *Stock-im-Eisen.* Der Name rührt von der in New York ansässigen gleichnamigen Lebensversicherungsgesellschaft her. Daher haben die bronzenen Adler, die sich an der Fassade und auf dem Dach befinden, auch einen US-amerikanischen Bezug, sie wären demnach *Weißkopfseeadler.* Weitere Fassaden-Adler erblicken wir am Turm des Eckhauses (Graben 8) zur Spiegelgasse (Nr. 1), unter der Aufschrift „GENERALI" sitzt ein fünfter Adler, ein steinerner.
Einen weiteren Vogel, fast in Augenhöhe, sehen wir am Graben (Nr. 11), Ecke Dorotheergasse, am barocken Palais Bartolotti-Partenfeld. Über einer Wappenkartusche mit den Buchstaben „bbb" erkennen wir eine → **Brieftaube.** Unter dem Wappen die Jahreszahl 1860. Tatsächlich firmiert das Haus auch als *„Zur Brieftaube"* und das Wappen gehört zu der 1860 in der Mariahilfer Straße von Heinrich Eisert, einem passionierten Brieftaubenzüchter, gegründeten Firma, die sich auf den Handel mit Wäsche und Brautausstattungen spezialisiert hatte.
Zurück auf den Stephansplatz und zum Eingang des Doms, dem spätromanischen Riesentor aus dem 13. Jahrhundert. Hier sind links und rechts zwei *Löwen* zu erkennen, wohl die ältesten Könige der Tiere in Wien.

Rotenturmstraße 21: Hauszeichen „Zu den drei Raben"

Weiter die Rotenturmstraße entlang. Ein tierischer Höhepunkt ist das Taschengeschäft → **Alligator** (Nr. 19), es hat treffenderweise einen lebensgroßen, höchst eindrucksvollen Metallalligator über dem Eingang. Der Maler Franz Zadrazil, bekannt für seine Fassadendarstellungen, verewigte 1973 das Portal im Ölbild „Morgenländisches" samt Alligator und Ankündigung des Imperialkinos, wo man „Ben Hur" (11 Oscars) spielte. Das Nachbarhaus (Nr. 21) heißt → **„Zu den drei Raben"**, die Vögel finden sich als Hauszeichen über dem Eingangstor.

Von der Rotenturmstraße gelangt man via Lugeck und Bäckerstraße zum Dr.-Ignaz-Seipel-Platz, dem alten Universitätsviertel. Sehenswert sind die barocken Brunnen (Mitte 18. Jahrhundert) beiderseits des Eingangs der Akademie der Wissenschaften (Nr. 2). Unter den breiten Brunnenschalen finden wir nicht nur *Frosch, Schildkröte* und *Schlange,* sondern auch einen im urbanen Bestiarium höchst selten vorkommenden *Krebs* mit zwei gefährlich aussehenden Scheren.

Rotenturmstraße 19:
Firmenzeichen
Alligator über dem
gleichnamigen
Taschengeschäft

Graben / Dorotheer-
gasse: Wappen-
kartusche mit zwei
Brieftauben

Taborstraße 17 B / Karmeliterplatz 1: Hirsch (1911) aus Kupferblech
(Kopie von Emanuel Lankotsky)

HOHE TIERE

Es gibt sie wirklich, die hohen Tiere. Aus Bronze gegossen oder aus Stein gehauen, sitzen, stehen und posieren sie hoch oben auf Dächern oder an Hausfassaden – das unterscheidet sie von ihren terrestrischen Artgenossen. Demnach gebührt ihnen der Titel: hohe Tiere.

Die größten und dennoch unbekanntesten hohen Tiere bekrönen die Attika der einstigen *Produktenbörse* in der Taborstraße 10. Theodor Friedl schuf hier als höchste Gebäudezier die Gruppe → **Kybele mit Löwengespann.** Das Besondere an der Skulpturengruppe ist die Zusammensetzung des Gespanns, das aus einem Löwen und einer Löwin besteht.

Das eindrucksvollste und wohl auch bekannteste unter den hohen Tieren ist der → **Hirsch** am First des Hauses Taborstraße 17 B / Ecke Karmeliterplatz 1. Seit dem Jahr 1650 heißt es hier *Zum goldenen Hirschen.* Doch der heutige Hirsch hat damit nichts zu tun. Das alte Hirschenhaus wurde 1910 abgerissen. Es folgte der Bau mit dem heutigen Hirsch; ein Kupferblechtier aus der Werkstatt des Wiener Kunstschmieds Emanuel Lankotsky. Als Vorbild diente dem Meister jener Hirsch, der den Pavillon Deutschlands bei der „Ersten Internationalen Jagdausstellung" (7. Mai bis 16. Oktober 1910) im Prater als oberste Dachzier schmückte. Der Hirsch schaffte es 2013 auch als Titel auf das Buch „Wie kommt der Hirsch aufs Dach?", Untertitel: „60 erstaunliche Entdeckungen in Wien" (Metro-Verlag).

Knappe 200 Meter Luftlinie trennen den *Leopoldstädter Platzhirsch* von einem weißen Steinbären. Meister Petz hat seine Bleibe am Beginn der Glockengasse, die am Lancplatz von der Taborstraße 26 abzweigt, hoch über der *Bärenapotheke* gefunden. Nomen est omen: Oben, im ausgebauten Dachgeschoß, steht ein steinerner *Bär* in einer Muschel, darunter der Schriftzug „Zum Bären". Links und rechts befinden sich noch je vier *Löwenköpfe,* die seitlich wie auch nach vorne blicken. Noch ein paar historische Fakten: 1720 gab es an der Adresse den Gasthof *Zum schwarzen Bären.* 1783 folgte auf den Gasthof die Apotheke *Zum weißen Einhorn.* 1862 wurde die Apotheke in *Zum Bären* (Bärenapotheke) umbenannt.

Vom Tabor zum Praterstern

Weiter stadtauswärts, wo die Straßenbahnlinie 5 die Taborstraße quert, beim Chopinhof, einem neunstöckigen Bau der späten 1950er-Jahre, finden wir ein *Kamel* (1959), eine Spielplastik aus Kunststein von Otto Eder. Der gebürtige Kärntner schuf auch andere, niedrige Tiere. Wobei „niedrig" nicht im Sinne von „nieder" der zoologischen Systematik, sondern in Bezug auf die Schulterhöhe gemeint ist. Ein Beispiel wäre das → **Krokodil** aus Kunststein (1950er-Jahre) auf dem Spielplatz der Venediger Au, hinter dem Praterstern. Keine fünf Meter davon entfernt – im Schatten zweier Kiefern – verharrt eine sitzende *Kunststeinkatze.* Wer auch immer sie schuf, das abstrakte Tier ist deutlich überdimensioniert und lädt zum Verweilen ein, ist also eine Sitzplastik.

Unweit des steinernen Krokodils erblicken wir hier im Kindergarten (kein öffentlicher Zutritt) der Venediger Au einen anmutigen → **Seehund** (1955/57) aus Bronze von Oskar Thiede. An heißen Tagen ist das Tier förmlich zu beneiden, verfügt der Meeressäuger doch über eine eigene Dusche.

Rund um den Praterstern und dem hier beginnenden Wurstelprater gibt es noch einige tierische Fixpunkte zu beachten und zu betrachten. Da wäre zunächst das alles überragende → **Tegetthoff-Denkmal** (1886) von Carl Kundmann und Carl von Hasenauer. Hier dominieren, neben dem Admiral in luftiger Höhe, vier mächtige *Rösser,* die sich als Mischwesen von Land- und Meerestieren, vorne Pferd, hinten Fisch, erweisen (Hippokamp). Kaum Beachtung finden die Girlanden aus *Muscheln* und *Schnecken* in Augenhöhe am Marmorsockel des Denkmals. Man könnte sie samt den bronzenen *Pilgermuscheln* treffend als Frutti di Mare beschreiben.

Taborstraße 10: Kybele mit Löwengespann (1889) von Theodor Friedl;
Venediger Au: Seehund (1955/57) von Oskar Thiede

Praterstern (Tegetthoff-
Denkmal): Hippokampen
und Girlanden aus Muscheln
und Schnecken (1886) von
Karl Kundmann

Jungstraße 1 (im Kindergarten):
Eule (1960/62) von Maria
Biljan-Bilger

Im nahen Wurstelprater bewachen zwei furchterregende *Löwen* aus weißem Travertin (Kalkstein) den Eingang einer Disco. Würden wir hier weiterschlendern, gäbe es noch allerlei tierische Begegnungen, darunter auch mit hohen Tieren. Doch *Plastikdinos, Kunststoffsteinböcke, Riesengorillas,* ob golden oder schwarz, sowie ein *Glücksschwein* mit Bankomat, um nur einige zu nennen, sind hier kein Thema.

Vom Stuwerviertel via Schüttel zum Donaukanal

Um bei niedrigen Tieren zu bleiben, geht's durch das Stuwerviertel zur Adresse Vorgartenstraße 158–170 bzw. Jungstraße 1. Im Kindergarten (kein öffentlicher Zutritt) neben dem Sigmund-Freud-Gymnasium sitzen zwei große → **Eulen** auf dem Boden: bunte Keramiktiere, die in ihrer Form Bienenstöcken ähneln. Gestaltet wurden sie von Maria Biljan-Bilger. Ursprünglich befanden sich an der Stelle drei Eulen.

Eine weitere tierische Kindergartengruppe der Kategorie niedrig bzw. geschrumpft ist das → **Nashorn mit Jungem** (1962/63) in der Machstraße 6 / Engerthstraße 237 (Kindergarten, kein öffentlicher Zutritt). Es ist aus getriebenem Kupfer und stammt von Rudolf Kedl. Von der Größe her schuf der in Stadtschlaining im Burgenland geborene Kedl Reittiere für Kindergartenkinder, Spielplastik im wahrsten Sinn des Wortes. In diese Kategorie fällt auch der → **Dachs** (1958) von Walter Leitner. Das Tier besteht aus Wachauer Marmor, einem Gestein, das von Natur aus eine Maserung hat. Meist sind die hellen und die dunkelgrau bis anthrazitfarbenen Lagen parallel, oft aber auch bizarr verfaltet. Walter Leitner wusste dies zu nutzen, und so trägt sein Dachs in Anlehnung an seine natürliche Fellzeichnung steinerne Längsstreifen. Auch dieses Tier steht auf einem Spielplatz eines städtischen Kindergartens (kein öffentlicher Zutritt), in der Vivariumstraße 8. Der Dachs, der deutlich größer ist als in natura, wird von den Kleinsten gern als Reitpferd benutzt. Um ihn zu sehen, wählt man im Franz-Mair-Hof (Schüttelstraße 5–9) den Durchgang;

Venediger Au (Kinderspielplatz): Krokodil aus Kunststein von Otto Eder;
Machstraße 6 (im Kindergarten): Nashorn mit Jungem (1963) von Rudolf Kedl

Obere Donaustraße 95–97 (Georg-Emmerling-Hof): Ziege von Alois Heidel;
Schüttelstraße 5–9: Dachs (1955–1958) im Kindergarten von Walter Leitner

Praterstraße 50 (Richard-Waldemar-Hof):
Zwei Fischreiher (1967) von Othmar Jarmer

Ybbsstraße 40–42: Majolikaband (1928) von Josef Franz Riedl
mit Katze und anderen Tieren (Vögel, Mäusen, Hasen etc.)

dann sind es nur mehr ein paar Schritte bis zum Zaun des Kindergartens, wo man den Dachs erblicken kann.

Nun besuchen wir eine → **Ziege**, die in den 1950er-Jahren Aufregungen verursachte. Im Hof des Georg-Emmerling-Hofes (1953–1957), Obere Donaustraße 95–97 / Gredlergasse 2, steht das Tier des Anstoßes: eine sichtlich abgemagerte Ziege (1958) aus Bronze von Alois Heidel. Das Tier mit dem aufgeblähten Bauch, den dünnen Beinen und dem überlangen Hals stellte alles andere als das Idealbild einer Ziege dar. War man bei Tierplastiken glatte Oberflächen gewohnt, erfüllte Heindl auch diese Erwartungen nicht; all das hatte eine strikte Ablehnung zur Folge. Manche assoziierten mit dem Kunstwerk Arbeitslosigkeit und Notzeiten, die damals noch nicht so lange zurücklagen. Doch die Intention des Künstlers war eine andere: „Wir leben in einer Konjunktur, aber die Ziege soll die Menschen daran erinnern, was damals war und was wiederkommen kann. Die Künstler können sich nicht damit begnügen, für Dekoration zu sorgen. Sie wollen etwas sagen, zum Nachdenken anregen" (*Arbeiter-Zeitung*, 26. März 1958).

Eine harmlose Ziege findet sich in der Oberen Augartenstraße 12 b, einem Bau aus den frühen 1930er-Jahren. Die Skulpturen aus St. Margarethener Kalksandstein, ein *Puto mit Ziege* wie auch der *Puto mit Hahn,* erregen – aus tierischer und auch aus künstlerischer Sicht – wohl kaum die Gemüter.

Wer elegantere Vögel sucht, geht zur Adresse Praterstraße 50. Im dortigen Richard-Waldemar-Hof (1967) finden sich, flankiert von großen Mistkübeln, zwei → **Fischreiher** (1967) als Zierde einer Vogeltränke. Die schlanken Tiere von Othmar Jarmer sind mit einer Metallmanschette an der Wand und mit Klammern um die Zehen befestigt. Frei nach dem Motto „Sicher ist sicher".

Für ein Suchrätsel zum Ausklang begeben wir uns in die Ybbsstraße 40–42. Der Gemeindebau (1927–1928) ist fassadenseitig mit einem → **Majolikaband** von Josef Franz Riedl verziert. Dominieren beim ersten Anblick geometrische Formen, sind bei näherer Betrachtung zahlreiche Tiere, darunter mehrere *Vögel, Mäuse* und *Hasen,* zu entdecken.

ZWISCHEN JUGENDSTIL UND BAROCK

Kein Bezirksamt hat so viele Tiere vor der Tür wie das des dritten Bezirks am Karl-Borromäus-Platz. Am → **Karl-Borromäus-Brunnen,** einem Gemeinschaftswerk des Bildhauers Josef Engelhart und des aus Laibach stammenden Architekten Jože Plečnik, wimmelt es nur so von bronzenen Fröschen, Kröten und Echsen auf der dreieckigen Brunnenschale, die von neun nackten Knabengestalten getragen wird. Vorbilder für seine Kriechtiere fand Engelhart, Mitbegründer der Secession und später auch deren Präsident, im Naturhistorischen Museum bei Franz Steindachner. Der damalige Intendant unterstützte den Künstler mit Objekten aus der Sammlung. Engelhart wiederum porträtierte den Wissenschaftler in einem großformatigen Ölbild. Silke Schweiger (Kustodin am Naturhistorischen Museum) konnte eine *Tannenzapfenechse,* einen *Dornteufel,* einen *Draco* (Flugechse), *Großkopfschildkröten* und ein *Blauzungenskink* bestimmen. Neben den Brunnen verdienen die zoomorphen, mit *Adlern* und Köpfe von → **Steinböcken** versehenen Blumenschalen Beachtung. Ein weiterer *Adler* beim Haus Sechskrügelgasse 10 äugt vom Dachgeschoß auf die Tiere des Brunnens, so als hätte er hier seine nächste Mahlzeit im Visier.

Beim nahen Rochusmarkt lohnt ein Blick auf die barocke Rochuskirche. Bei den vier Heiligenfiguren von Georg Anton Eberl (1721) in den Fassadennischen fällt ein goldener *Fisch* (hl. Ulrich) und ein *Hund* (hl. Rochus) auf. Ein weiterer goldener Fisch findet sich als Hauszeichen *("Karpfen")* – nicht weit entfernt – über dem Eingang des Hauses Marxergasse 33. Der Häuserblock wird von der Löwengasse im Osten begrenzt.

Beim Rudolf-von-Alt-Platz, einer Einbuchtung der Löwengasse, werden die Eckhäuser (Nr. 1 und 7) von aufrecht stehenden *Löwen* aus weißem Kalkstein bekrönt. Mit ihrem waagrecht weg-

Karl-Borromäus-Platz (Karl-Borromäus-Brunnen):
Bergchamäleon (1909) von Josef Engelhart

Karl-Borromäus-Platz
(Karl-Borromäus-Brunnen):
Gürtelschweif mit Kragen-
echse im Hintergrund sowie
Frosch und Echse (1909)
von Josef Engelhart

Karl-Borromäus-Platz (Karl-Borromäus-Brunnen): Blumenschalen mit
Steinbockköpfen (1909) von Josef Engelhart;
Erdbergstraße 16–28: Krokodil (1959/1964) im Kindergarten von Rudolf Beran

gestreckten Schwänzen erinnern sie an jene beiden *Löwen* (1898) aus Bronze von Rudolf Weyr bei der Nussdorfer Wehr. Apropos Löwengasse, der Name macht dem König der Tiere alle Ehre. Der Künstler Friedensreich Hundertwasser hat „sein" buntes, mit allerlei Keramik und Bäumchen verziertes Haus (Nr. 41–43, Ecke Kegelgasse) mit kleinen, käuflichen Kunststeinlöwen dekoriert. Sehenswert ist ein weißes *Löwenrelief* hoch über dem Eingang des einstigen (1922) Löwenkinos (heute ein Supermarkt) auf Nummer 33. In der Kegelgasse erinnert über dem Hauseingang von Nummer 44 ein vierteiliges Steinzeugrelief (1951) mit drei *Gänsen* von Margarete Bistron-Lausch an die einst hier im heutigen Weißgerberviertel befindliche Gänseweide.

Vom Zentrum stadtauswärts

Kommt man vom ersten Bezirk, stellt die Wien eine natürliche Grenze zwischen Innerer Stadt und Landstraße dar. Demnach gehört der östliche Teil des Stadtparks zum dritten Bezirk. Hier lohnt ein Besuch des Spielplatzes, der von drei niedlichen Holzäffchen bevölkert wird. Einer der *Affen* steht da wie ein verschmitzter Lausbub und beobachtet alles, einer turnt herum und der dritte – hoch oben auf einem Holzpfosten – blickt in die Ferne. Nicht zu vergessen der Hippo; das grinsende *Flusspferd* aus gelbem Kalkstein fällt in die Kategorie Spielplastik / Unterkategorie: Sitzplastik. Motto: Lass dich nieder und nimmt dir eine kleine Auszeit!

Eine der Hauptachsen des dritten Bezirks, die Landstraßer Hauptstraße, führt via Rochusplatz stadtauswärts. Auf Nummer 15 fallen *Schlangen* als Fassadendekor bei den Fenstern auf. Beim belebten Rochusplatz kommen wir links in die Erdbergstraße, die die Kundmanngasse quert. Hier fällt das Kunstwerk „Warten auf Vögel IV" (2017) von Josef Bernhardt auf. Insgesamt 99 Vogelnistkästen aus Lärchenholz auf roten Holzstäben böten Platz für *Brutvögel*, die sich aus dem urbanen Raum zunehmend zurückziehen.

In der stadtauswärts führenden Erdbergstraße schuf Rudolf Schmidt in der Wohnhausanlage 16–28 die Steinskulptur → **Fluss-**

pferd mit Jungem (1961/1963) aus Lindabrunner Konglomerat. Eine sichtlich glückliche Nilpferdmama trägt ihren etwas verunsicherten Nachwuchs am Rücken; ein tierisches Familienidyll, ganz dem Geschmack der Nachkriegszeit entsprechend. In der parallel verlaufenden Hainburger Straße lohnt bei der Wohnhausanlage Rabenhof (Nr. 68–70) ein Blick hinter (!) die Skulptur → **Musizierende Kinder** (1959) von Margarethe Hanusch, denn da hat sich ein steinerner *Pudel* versteckt. Das Kunstwerk befindet sich am Ende des Rabenhofs stadtauswärts.

Beim Kurt-Steyrer-Hof in Höhe Neulinggasse (Landstraßer Hauptstraße 92–94) befindet sich die Figurengruppe *Familie* (1953/1956) aus Konglomerat. Sie stammt ebenfalls von Margarethe Hanusch. Im perfekten Familienidyll, Vater, Mutter, Kinder, darf natürlich auch das Haustier, ein *Kätzchen*, nicht fehlen.

Ein paar Schritte weiter in der Neulinggasse muss vor der Spielplastik *Bär* (1953/1956) aus rotem Beton von Josef Schagerl

Erdbergstraße 16–28: Flusspferd mit Jungem (1961/1963) von Rudolf Schmidt

Hainburger Straße 68–70 (Rabenhof): Musizierende Kinder (1959)
mit Pudel von Margarethe Hanusch

Modenapark: Scherzo-Gruppe mit zwei Panthern (1913) von Josef Müllner

kein Kindergartenkind Angst haben. In späteren Jahren wandte sich Schagerl Metallskulpturen aus Chrom-Nickel-Stahl zu.

Geht man die Neulinggasse Richtung Westen weiter, passiert man Nummer 18 mit zwei Putti samt entfliegendem *Täubchen* über dem Hauseingang, quert dann Bahntrasse und Reisnerstraße, ehe man den Modenapark erreicht. Hier dominiert die → **Scherzo-Gruppe,** ein Werk von Josef Müllner. Die Gruppe (Bronze) besteht aus einem Knaben mit Tschinellen und zwei *Panthern,* die wiederum auf einem Steinsockel mit zwei sitzenden Figuren ruht. Das Kunstwerk stammt aus dem Jahr 1913, war im nahen Arenbergpark und später beim Schwarzenbergpalais aufgestellt, ehe es hier seine Bleibe fand.

Vielfalt am Ende der Landstraßer Hauptstraße

Geht man die Landstraßer Hauptstraße stadtauswärts, macht sie bei Nummer 148A einen Neunzig-Grad-Knick nach rechts. Links führt die Schlachthausgasse weg. Die logische, geradlinige Fortsetzung der Landstraßer Hauptstraße heißt Viehmarktgasse. Hier befand sich nicht nur der einstige, 1879 bis 1884 errichtete Viehmarkt, sondern in unmittelbarer Nachbarschaft auch der einstige Schlachthof (St. Marx) der Stadt Wien. Am Ende der Viehmarktgasse, die in die Maria-Jacobi-Gasse übergeht, dominieren auf hohen Podesten zwei lebensgroße Figurengruppen aus Stein (frühe 1880er-Jahre). Links schuf Anton Schmidgruber ein *Ungarisches Steppenrind* mit einem Hirten, rechts ein → **Pinzgauer Rind** mit Fleischergesellen.

Über die von der Viehmarktgasse abzweigende Doktor-Bohr-Gasse gelangt man zum rückwärtigen Teil des langgezogenen Madersperger-Hofes (Landstraßer Hauptstraße 173–175). Hier finden wir eine stehende Frauenstatue aus Stein von Fred Gillesberger, bezeichnet wird sie als *Weibliche Figur mit Hasen* (1954/55). Ein paar Schritte weiter stoßen wir auf die bronzene Spielplastik *Robbe* (1958–1960) von Walter Auer. Das einst wasserspeiend konzipierte Tier ist inzwischen längst trockengefallen.

Folgt man die Schlachthausgasse Richtung Donaukanal, biegt rechts die Barthgasse ab. Hier öffnet sich der Hinterhof der städti-

Viehmarktgasse 4 (Stiertor): Pinzgauer Rind (um 1880) von Anton Schmidgruber

Markhofgasse 12–18: Vogelflug (1955) von Eduard Robitschko

schen Wohnhausanlage mit der Adresse Markhofgasse 12–18. Markant ist hier die hohe Metallplastik → **Vogelflug** (1954/55) von Eduard Robitschko. Das filigrane Kunstwerk aus Bronze und Schmiedeeisen erinnert an eine hohe Antenne, andererseits visualisiert der Künstler auf diese Art sehr überzeugend fliegende Vögel; jedenfalls sticht das Kunstwerk des Wotruba-Schülers positiv heraus.

Links von der Schlachthausgasse gelangen wir über die Baumgasse in die hier rechts abbiegende Kleingasse. Im Rudolf-Häuser-Hof (Kleingasse 6–18) fasziniert im Innenhof der *Tierbrunnen* (1951) aus Steinzeug von Gertrude Conrad. Das vertikale Arrangement von *Lämmern, Katzen, Hund, Entchen* und *Vögeln* könnte beim er-

sten Hinschauen an die Bremer Stadtmusikanten erinnern. Doch ein zweiter Blick macht schnell klar, dass dem keineswegs so ist.

Am Ende der Landstraßer Hauptstraße, die entlang des Wildganshofes zum Landstraßer Gürtel und zum Arsenal hinaufführt, biegt rechts die Hofmannsthalgasse ab. Bei letzterer finden wir auf Nummer 22–24 (Höhe Seippgasse) im Schatten von Bäumen die Plastik *Zwei abstrakte Seehunde* von Heinrich Deutsch. Material: roter Kunststein. Kategorie: Spielplastik. Man könnte den Titel des rötlichen Kunststeinkunstwerkes noch präzisieren: „Zwei *sehr* abstrakte Seehunde" träfe es besser.

Schweizergarten: Auf einer Trommel sitzender Zirkuselefant

Vom Schweizergarten in den Belvederegarten

Der südlich des Landstraßer Gürtels gelegene Schweizergarten hat interessante Denkmäler zu bieten, weithin sichtbar ist das silbrig glänzende Staatsgründungsdenkmal (1966), zwei aufwärtsstrebende, sich oben vereinigende Chrom-Nickel-Stahl-Stelen von Heinrich Deutsch. Was Tierdenkmäler betrifft, stoßen wir hier auf den vergnügtesten → **Elefanten** Wiens. Bei der Spielplastik der Nachkriegszeit handelt es sich um eine Zirkusszene mit drei hohen Trommeln. Wir ertappen einen auf einer der Trommeln sitzenden weißen Elefanten, der, alle viere von sich gestreckt, den Rüssel eingeringelt, ganz offensichtlich seinen Spaß hat.

Quert man den Gürtel, gelangt man über eine imposante barocke Toranlage in den Garten des 1717 bis 1723 errichteten Belvedere-Schlosses. Bauherr war Prinz Eugen, dem es an Geld und Geltungsbedürfnis nicht mangelte. So zumindest sind die beiden steinernen *Löwen* am Eingangstor zu interpretieren. Aufrecht stehend, mit wachem Blick, halten und präsentieren sie die vergoldeten Wappen des Prinzen. Sie selbst zeigen sich mit mächtigem Penis von ihrer männlichsten Seite.

Den Eingang zum Oberen Belvedere flankieren zwei große *Rossebändiger*. In der großen Gartenanlage zwischen Oberem und Unterem Belvedere, die auf Pläne von Dominique Girard zurückgeht, sind vor allem die Brunnen von Interesse. Die große Kaskade wird von wasserspeienden Seeungeheuern flankiert. Kräftige Männer – keine Geringeren als Herkules und Apollo – halten mit Brachialgewalt ihre großen Mäuler offen. Als Modell für die barocken Seeungeheuer dienten sicher *Krokodile*.

Resselgasse 4 / Karlsplatz (Bibliothek der TU-Wien):
Eule (1987) von Bruno Weber

VON DER XXL-EULE ZUM ZIEGELPINGUIN

Unübersehbar thront die 18 Meter große → **Eule** (1986) an der Fassade der Bibliothek der Technischen Universität. Der Schweizer Künstler Bruno Weber positionierte den Betonguss an der Gebäudekante und machte das Tier zum doppelten Beobachter, zum Wächter über den Karlsplatz und der hier beginnenden Wiedner Hauptstraße. Doch damit nicht genug, zieren 16 weitere, deutlich kleinere Eulen das Gesims des Gebäudes. Da Eulen für die Weisheit stehen (Attribut der Göttin Athene), wird die Bedeutung der Bibliothek als Ort der Weisheit und des Wissens siebzehnfach unterstrichen.

Gegenüber befindet sich die 1861 vollendete Evangelische Schule (Karlsplatz 14), die Entwürfe für das Gebäude stammen von Theophil Hansen. Mit vier Säulen gestaltet er den repräsentativen Eingang. Oben auf den Säulen stehen in Höhe des ersten Stockes die vier Evangelisten samt ihren Attributen: Matthäus (links) ist mit einem Menschen dargestellt, Markus mit einem *Löwen*, Lukas mit einem *Stier* und Johannes (rechts) mit einem sitzenden *Adler*.

Dreht man sich um, findet man im Resselpark den → **Tilgnerbrunnen**, im Wienerischen auch als *Froschbrunnen* bekannt, mit der Inschrift am Sockel „Zum Andenken Viktor Tilgners errichtet von der Gemeinde Wien im Jahre 1902". Am Brunnenrand sitzen vier wasserspeiende *Frösche,* sie stellen die vier Temperamente dar. Leicht und eindeutig erweist sich die Zuordnung nicht, denn wie unterscheidet man einen cholerischen Frosch von einem sanguinischen? Das Originalmodell, nach dem der Brunnen errichtet wurde, stammt von Tilgner, der 1896 in Wien einem Herzleiden erlag. Er war einer der wichtigsten Bildhauer des Historismus. Die bronzenen Frösche schuf Artur Kaan, der bei Carl Kundmann studiert hatte.

Nun zur 1737 geweihten Karlskirche, dem Hauptwerk Johann Bernhard Fischer von Erlachs. Unser Augenmerk gilt den beiden

Karlsplatz (Karlskirche): Goldene Adler auf den Säulen vor der barocken Kirche;
Resselpark: Tilgnerbrunnen (1902) mit Frosch von Artur Kaan

Säulen mit den rundum, nach oben laufenden Reliefs, die das Leben und Wirken des hl. Karl Borromäus darstellen. In vierzig Meter Höhe glitzern und glänzen je vier goldene → **Adler** mit weit vorragenden Schnäbeln aus der Werkstatt von Lorenzo Mattielli. Mit ihren breiten Schwingen bilden sie förmlich ein Geländer für jene, die dann und wann aus den Fenstern der Turmlaternen steigen. Ja, die Assoziation barocker Leuchttürme ist nicht von der Hand zu weisen, das Vorbild war sicher die römische Trajansäule. Die Symbolik der Adler ist eindeutig, sie stehen für Unsterblichkeit, für die Macht des Herrschers und letztendlich für Gott.

Anders hingegen sieht es bei den Schlangen aus, sie haben eine ambivalente Bedeutung. Zum einen stehen sie dank ihrer Häutung für Erneuerung, Leben und Verjüngung, zum anderen kennen wir sie durch ihre Hinterlist als Sinnbild des Bösen und der Versuchung aus dem Alten Testament. In diesem Kontext sind die beiden Engelsfiguren von Franz Caspar am Aufgang der Kirche zu betrachten, sie symbolisieren das Alte und das Neue Testament. Demnach ist der linke Engel mit der *Schlange* dem Alten Testament zuzuordnen. Nicht vergessen wollen wir einen *Hai* und einen *Piranha* aus Massivholz. Wir haben sie als Wippen für Kleinkinder auf dem Spielplatz neben dem Johannes-Brahms-Denkmal gesehen.

Gehen wir die Wiedner Hauptstraße stadtauswärts, treffen wir vor der Paulanerkirche auf eine barocke *Marienstatue* (Maria Immaculata). Bei diesen weit verbreiteten Mariendarstellungen, steht die Mutter Gottes auf einer Weltkugel, um die sich wiederum eine *Schlange* windet. Doch die heilige Maria steht mit einem Fuß auf der Schlange. Somit unterdrückt sie das Böse, es kann nichts passieren und alles ist gut!

Bekannt sind Schlangen im Logo von Apotheken, konkret die Äskulapnatter, für deren Heilkraft. Die schönste → **Äskulapnatter** Wiens finden wir bei der Schutzengel Apotheke (Favoritenstraße 11 / Ecke Taubstummengasse) auf einem Keramikrelief der Firma Wienerberger. Die grüne Schlange vor blauem Hintergrund stammt aus den 1930er-Jahren.

Mozartplatz (Mozartbrunnen):
Steinerner Tintenfisch
(1905) von Carl Wollek;
Favoritenstraße /
Taubstummengasse:
Firmenzeichen Äskulapnatter
der Schutzengel Apotheke;
Kolschitzkygasse 9–13:
Bärenbrunnen (1952) von
Franz Barwig dem Jüngeren

Graf-Starhemberg-Gasse 11 (Bertha-von-Suttner-Hof):
Elefant (1950er-Jahre) auf dem Kindergartenspielplatz

Kurz noch ein Blick zum *Mozartbrunnen* am Mozartplatz, den wir via Mozartgasse von der Favoritenstraße aus erreichen. Aus Bronze sind die lebensgroßen Darstellungen von Tamino und Pamina, den Hauptfiguren der „Zauberflöte", sowie fünf wasserspeiende *Fischköpfe*. Aus hellem Stein besteht das Becken sowie ein riesiger, in Wien höchst selten vorkommender *Tintenfisch* zur Linken von Pamina. Der Entwurf des Brunnens stammt von Architekt Otto Schönthal, der Bildhauer Carl Wollek hat ihn umgesetzt und Hans Frömml goss 1905 die Statuen.

Vorbei am langgestreckten Bau des Theresianums gelangt man bei der rechts abbiegenden Waltergasse auf Nummer 5 in die weitläufige Anlage des Bertha-von-Suttner-Hofes. Er verbindet die Favoritenstraße mit der Graf-Starhemberg-Gasse. Im Bereich des eingezäunten Kindergartens im Innenhof sehen wir einen steinernen → **Elefanten**. Ein paar Schritte weiter, bei der Adresse Graf-Starhemberg-Gasse 11, steht ein frei zugänglicher *Bär* aus Leithakalk; beide Skulpturen des in Prag geborenen Bildhauers

Rainergasse 23–25: Pinguin (1961) auf dem Kindergartenspielplatz
von Alois Heidel

Ferdinand Opitz fallen in die Kategorie Spielplastik und sind sehr massiv ausgeführt. Das für die Anlage namensgebende Bertha-von-Suttner-Denkmal „*Die Waffen nieder!*" von Siegfried Charoux, der eine Frau mit erhobenen Händen und zwei Kindern darstellte, steht an der Favoritenstraße.

Die nächsten Bären sind nicht weit entfernt, sie finden sich am → **Bärenbrunnen** (1952) von Franz Barwig dem Jüngeren in der Kolschitzkygasse 9–13. Das Ensemble ist rasch beschrieben: Auf einer der Längsseiten des seichten, rechteckigen Brunnenbeckens erhebt sich eine viereckige Säule aus Kalksteinquadern mit einem wasserspeienden Bärenkopf, bekrönt wird sie von zwei spielenden *Bären*.

Schlussendlich besuchen wir in der parallel verlaufenden Rainergasse (Nr. 23–25) noch Wiens einzigen gemauerten Pinguin. Alois Heidel verwendete für diesen → **Pinguin** (1961) Ziegel, die er nicht verputzte. Er fügte 17 Ziegelscharen übereinander und baute damit die abstrakte Figur eines ziegelroten Pinguins, der in seiner Form und Ausführung einzigartig in Wiens steinerner Tierwelt ist.

Margaretengürtel 82–88 (Herweghhof):
Bärenbrunnen (1928) von Hanna Gartner

MAMMABÄR, BABYBÄR UND EIN ECK-ERKER-HUND

Am Margaretengürtel reihen sich von der Schönbrunner Straße kommend Richtung Matzleinsdorfer Platz riesige Gemeindebauten des Roten Wien dicht aneinander. Beginnend mit dem Franz-Domes-Hof folgen der Ernst-Hinterberger-Hof, der Reumannhof, der Metzleinstaler Hof und schließlich der Herweghhof mit der Adresse Margaretengürtel 82–88. Hier besuchen wir im Hof den → **Bärenbrunnen** (1928), der besondere Aufmerksamkeit verdient. Er stammt von Hanna Gärtner, die 1920 als erste Frau in die Bildhauerklasse der Akademie der bildenden Künste in Wien aufgenommen wurde. Sie platzierte eine *Bärenmutter,* die ihr *Bärenbaby* auf ihrem Rücken trägt, auf einer Säule und stellte diese in ein zwölfeckiges Brunnenbecken. Freilich wirkt das Bärenjunge etwas verunsichert, was nicht verwundert, ist der Rücken seiner Mama bei weitem nicht so groß wie der eines Flusspferdes.

2018 wurde der Hanna-Gärtner-Park zwischen Herweghhof und dem benachbarten Julius-Popp-Hof nach ihr benannt. Dank der grünen Infotafel der MA 42 („Unsere Gärten") wissen wir, dass dieser Tierkreisbrunnen aus 1928 auch „Bärin mit Jungem" heißt.

Zurück zur Schönbrunner Straße; tagaus, tagein fahren hier unzählige Autos von Westen kommend im Wiental ins Zentrum. Kurz nach dem Gürtel, beim Bruno-Kreisky-Park, lohnt ein Blick nach rechts auf das Haus Schönbrunner Straße 141 (Ecke Sankt-Johann-Gasse). Dem „Dehio" entnehmen wir: „erb. 1904 von Heinrich Kestel, großes späthistorisches Zinshaus mit burgartigen Elementen, Eckturm mit Kegelhelm; Eckerker, Dachgiebel, Zinnen, neorom. Details; Vestibül"; dass sich hier, am Schönbrunner Hof, ein in die Ferne blickender, sitzender → **Hund** über dem Eckerker niedergelassen hat, wird nicht erwähnt. Doch wir haben ihn aufgespürt!

Schönbrunner Straße 141 / Sankt-Johann-Gasse:
Sitzender Hund am Fassadeneck zwischen Erkern

VON DEN SITZTIEREN DER MAHÜ ZU MARIO PETRUCCIS BRONZEPONYS

Den sechsten Bezirk, Mariahilf, erkundet man über die linke Seite der Mariahilfer Straße (Mahü), denn die rechte Seite gehört zu Neubau, dem siebenten Bezirk. Gleich am Beginn, zwischen Hausnummer 1A und 1B, steht der → **Gänsemädchenbrunnen**, hinter dem die Rahlstiege hinunter zur Rahlgasse führt. Der Brunnen von Anton Paul Wagner stammt aus dem Jahr 1866. Wagner schuf zwei steinerne Becken mit zentraler Steinsäule. Auf der Säule steht ein Mädchen, hinter dem eine *Gans* hervorlugt, zwei weitere Gänse mit gespreizten Flügeln dienen als Wasserspeier. Mädchen und Gänse sind aus Bronze. Bis 1874 stand der Brunnen auf der Brandstätte im ersten Bezirk, wo sich der alte Geflügelmarkt befand.

Wo die Rahlgasse in die Gumpendorfer Straße mündet, zweigt die bergauf führende Theobaldgasse ab. Diese Straßenkreuzung hat man, der ersten Frauenministerin zur Ehre, Johanna-Dohnal-Platz genannt. Zwischen zwei Bäumen treffen wir auf den *Tiertränkebrunnen*, ein Gemeinschaftswerk des Architekten Adolf Stöckl und des Bildhauers Josef Thorak. Am steinernen Brunnen (enthüllt am 22. Juli 1916) mit vier wasserspeienden *Löwenköpfen* befindet sich ein Bronzemedaillon. Es zeigt eine Frau, die sich an einen *Pferdkopf* lehnt, auf ihrer rechten Schulter sitzt ein *Vogel*. Der folgender Satz erklärt, worum es geht: „Dem Tierschutz gewidmet von Kammersängerin Hedwig Kauffmann-Francillo". Hedwig Francillo-Kauffmann wurde 1878 in Wien geboren und starb 1948 in Rio de Janeiro.

Bei der Einmündung der Theobaldgasse in die Mariahilfer Straße treffen wir auf zwei *Frösche* aus dem 21. Jahrhundert (Betonguss). Sowohl das beige wie auch das hellgrüne Tier hat die

Mariahilfer Straße 1A–1B / Rahlstiege:
Gänsemädchenbrunnen (1866/1948) von Anton Paul Wagner

Liniengasse 47: Drei junge Bären von Franz Barwig
dem Jüngeren

Größe eines Hockers. Ungeachtet des hier ohnehin vorhandenen Angebots an Bänken, laden sie förmlich ein, sich kurz auszuruhen. Müsste man sie kategorisieren, würden wir den Begriff Sitzplastik vorschlagen.

Die Adresse Mariahilfer Straße 45 ist Ferdinand Raimunds Geburtshaus, hier erblickte der Dichter am 1. Juni 1790 das Licht der Welt. Über dem Eingang bewundern wir ein altes Wiener Hauszeichen, einen goldenen *Hirsch* mit unnatürlich verbogenen Geweihstangen. Letztere sind den architektonischen Umständen geschuldet.

Geht man die Mariahilfer Straße weiter stadtauswärts, trifft man in Höhe der Esterházygasse auf drei weitere Sitzplastiken. Die drei *Hasen* mit herunterhängenden Ohren wurden am Gehsteig so platziert, dass sie den Eindruck erwecken, als redeten sie miteinander. Dass die zwei Frösche und die drei Hasen aus derselben Betongusswerkstatt stammen, scheint evident.

Zwei Gassen weiter stadtauswärts führt die Webgasse hinunter ins Wiental. Bei der Liniengasse machen wir einen Exkurs und gehen stadtauswärts Richtung Gürtel. Ziel ist das Haus Nummer 47. Über dessen Eingang befindet sich die Kalksteinskulptur drei junger → **Bären** von Franz Barwig dem Jüngeren. Die neugierigen Tiere spielen mit einem Ball. Der mutigste hat ihn bereits in Besitz genommen, seine beiden Spielgefährten stützen ihn seitlich. Doch ganz geheuer scheint das runde Ding den dreien nicht zu sein.

Ab der Gumpendorfer Straße heißt die verlängerte Webgasse nun Grabnergasse, die in die Linke Wienzeile mündet. Ecke Grabnergasse / Mollardgasse (Nr. 30–32) befindet sich der 1949 bis 1952 errichtete Einsteinhof. Benannt wurde er nach dem Nobelpreisträger, der mit dem Kunstwerk → **Sieben Ponys,** dessen Aufstellung mit viel Witz erfolgte, sicher seine Freude gehabt hätte. Jedenfalls ist dieses Kunstwerk eine der sehenswertesten Tiergruppen Wiens. Nun die Details dazu: „In der Wohnhausanlage steht eine siebenteilige Gruppe von als Spielplastiken konzipierten Bronzefiguren mit dem Titel ‚Ponys‘ von Mario Petrucci. Die kleine Plastik eines um die Ecke in den Hof blickenden Ponys mit der Aufschrift ‚Max darf nicht mit den Kindern spielen, er war schlimm‘ ziert den Hauseingang. Jedes der Ponys hat einen Namen: Max, Lisl, Ali, Moritz, Felix, Rosl und Susi. Moritz, das kleinste Pferd der Gruppe, ist im Areal des Kindergartens platziert und verbindet so den Bereich des Kindergartens mit dem der Wohnhausanlage" (www.wienerwohnen.at).

Schlussendlich gelangen wir ins Wiental, der Grenze zum fünften Bezirk. Sehenswert ist an der Linken Wienzeile, in Höhe Pilgramgasse, der Eingang zum Haus Nummer 108. Hier zieren zwei große, majestätische *Eulen* die Fassade und wachen über die Weisheit. Sie blicken auf das Gebäude des einstigen Vorwärts-Verlages mit den weithin sichtbaren Steinfiguren *Arbeiter und Arbeiterin* von Anton Hanak an der Rechten Wienzeile 97 im gegenüberliegenden fünften Bezirk.

Grabnergasse / Mollardgasse (Einsteinhof): Sieben Ponys (1957)
von Mario Petrucci

Museumstraße 3–5 (Weghuberhof): Adler mit weiblichem Genius

ADLER, LÖWEN UND SEHENSWERTE HAUSZEICHEN

Während im ersten Bezirk, dem Zentrum der Macht, Löwen, Adler und Reiterstatuen naturgemäß dominieren, erstaunt im siebten Bezirk, zwischen Museumstraße und Gürtel, die große Präsenz dieser Tiere.

Um in Zentrumsnähe zu beginnen, zunächst ein Blick auf das monumentale Haus hinter dem Volkstheater am Beginn der Neustiftgasse mit der Adresse Museumstraße 3–5. Einst befand sich hier das legendäre Café Weghuber, 1911 folgte an dieser Stelle ein monumentaler Neubau (Weghuberhof) durch den Architekten Rudolf Erdös im französischen Barockstil. Weithin sichtbar ist an der Ecke ein monumentaler → **Adler,** auf dem schräg ein nackter, weiblicher Genius sitzt. Die Fackel in der rechten, erhobenen Hand der Dame könnte Assoziationen an die Freiheitsstatue in New York wecken. Adler und Genius sind aufgrund ihrer Größe bemerkenswert, doch die Figuren trafen nicht den Geschmack der Zeitgenossen. „Bei der Ecklösung wäre ein ruhiges Fortführen des balkonartig auskragenden Hauptgesimses entschieden vorteilhafter gewesen, als der banale bogenförmige Abschluss mit der aufgeregten, auf unserem Bild glücklicherweise nicht sichtbaren Bekrönungsfigur" (*Der Bautechniker*, Nr. 17, 411 f., 1912, Wien).

Nun zu einer Reihe sehenswerter Hauszeichen: Weiter stadtauswärt sehen wird bei der Neustiftgasse 32 / Ecke Kellermanngasse 1–3 unter einem Erker eine vergoldete → **Reiterfigur.** Details sind hier in Stein gemeißelt: „Bei der zweiten Belagerung Wien's durch die Türken im Jahre 1683 stand an dieser Stelle das Zelt Kara Mustapha's". Die Reiterfigur erinnert ein wenig an jene beim Heidenschuß (Innere Stadt). Im Nachbarhaus, dem Wohn- und Geschäftshaus → **Zum Walfisch** (Kellermanngasse 5 / Ecke Josefstädter Straße) finden wir über dem Eingang tatsächlich einen steiner-

Animalische Hauszeichen: Neustiftgasse / Kellermanngasse:
Die Reiterfigur erinnert an die Türkenbelagerung von 1683;
Myrthenggasse 10: Zum Blauen Löwen;
Kirchberggasse 24: Waldohreule (Terracotta) in Angriffsposition

Kellermanngasse / Josefstädter Straße (Hauszeichen):
Wal mit männlicher Figur (Jona)

nen *Wal* samt bärtigem Mann im Maul. Mit anderen Worten die Darstellung der alttestamentarischen Geschichten von Jona und dem Wal. Ecke Myrthengasse gilt es bei Nummer 10 den → **Blauen Löwen** zu besuchen. Doch besagtes Tier über dem Hauseingang ist nicht blau, sondern weiß getüncht. Obendrein wirkt dieser König der Tiere mit seinen gefletschten Zähnen gar nicht ruhig und gelassen wie viele seiner steinernen Artgenossen in Wien, er ist vielmehr angriffslustig und entschlossen. Golden geht es weiter. Bei Neustiftgasse 64 ist über der Tür (Supraporte) ein goldener *Hirsch* zu sehen. Da es sich bei dem Hirsch um einen *Damhirsch* mit Schaufelgeweih handelt, ist diese Skulptur eine urbane Rarität.

Wählt man die Burggasse, um den Gürtel zu erreichen, fallen über den Seiteneingängen des Museumsquartiers (Abgang zur U3) → **Pferdeköpfe** auf. Der Architekt war Johann Bernhard Fischer von Erlach, der 1713 von Kaiser Karl VI. mit dem Bau der kaiserlichen Pferdestallungen beauftragt worden war. Ein paar Schritte stadtauswärts wäre rechts ein Abstecher in die Kirchberggasse zu machen. Über dem Eingang von Nummer 24 erweckt eine ungewöhnliche Terrakottaeule unsere Aufmerksamkeit. Der Vogel, eine → **Waldohreule,** so der Ornithologe Hans-Martin Berg vom Naturhistorischen Museum, ist in Angriffsposition, mit gespreizten Krallen ist er im Begriff, sich auf seine Beute zu stürzen. In diesem Moment entspricht die Eule als Symbol der Weisheit so gar nicht den Klischeevorstellungen, vielmehr zeigt sie ihre wahre Natur: die eines Flugjägers.

An der barocken Dreifaltigkeitssäule (1713) bei der Kirche St. Ulrich muss man nicht lange suchen, um die Schlange, Symbol des Bösen, zu finden. Diesmal haben wir eine *Schlange* mit Apfel vor uns, womit wir im alttestamentarischen Paradies wären. Das Eckhaus Burggasse 47 bei der Kirchengasse (Ruth-Klüger-Platz) wurde 1884 erbaut *(Zum grünen Luftschützen)*. Die Fassadenfigur am Eck ist als Jäger, der Hund als dessen *Jagdhund* anzusprechen. Schräg gegenüber (Burggasse 28) klebt sich unübersehbar ein silberner → **Gecko** an die Fassade des Bierlokals The Lizard, störend nicht nur für die Betrachter, sondern wohl auch für das Fassaden-

Äußerer Neubaugürtel (Hesserdenkmal): Stehender Löwe (1909) von Josef Tuch;
Neubaugasse 10: Ein Löwe als Dekor und stiller Beobachter;
Museumsquartier: Der Pferdekopf erinnert an die kaiserlichen Pferdestallungen;
Burggasse 28: Firmenzeichen Gecko beim Lokal The Lizard

Neubaugasse 16: Reiter als Namenspaten für das Haus „Zu den 9 Churfürsten"

tier ist die kleine, viereckige Satellitenschüssel – kann man die nicht woanders montieren?

Bei der Neubaugasse biegen wir links Richtung Mariahilfer Straße ab; nachdem wir die Gleise des 49ers gequert haben, erblicken wir links, quasi in Augenhöhe, beiderseits des Eingangs zur Neubaugasse 36, dem Theater der Jugend, zwei zarte Metallreliefs mit *Vögeln* und *Eichkätzchen.*

Biegt man bei der Mondscheingasse links ab, begegnet man beim Haus Nummer 3 auf der Fassade tierischen Ungeheuern. Die Kombination zweier großer Drachenreliefs mit aufgerissenen Mäulern und drei mächtigen, martialischen *Löwenköpfen* mit ihren furchterregenden Blicken und den spitzen Zähnen könnten einem fast schon Angst einflößen – zum Glück aber handelt es sich hier nur um steinerne Fassadenzier. Fans von *Schmetterlingen* mögen einen Blick auf die Fassade des Hauses Neubaugasse 25 werfen, wo sie zahlreiche bunte Medaillons der Lepidopteren, so der wissenschaftliche Name der Schuppenflügler, entdecken werden.

Das 1820 errichtete Haus Neubaugasse 16 könnte – tierisch betrachtet – „Zu den neun Reitern" heißen, tatsächlich hat die Adresse mit den acht → **Reiterreliefs** und der zentralen Reiterskulptur über dem Eingang den Namen „Zu den 9 Churfürsten". Reiter oder Churfürsten, jedenfalls steht das Haus unter Denkmalschutz. Se-

hen die Mondscheingassenlöwen aus, als würden sie die Vorbeige-
henden fressen wollen, machen die goldenen → **Löwenköpfe** über
Neubaugasse 10 einen statisch-stoischen Eindruck. Angst muss
man hier nicht haben.

Bei der Mariahilfer Straße angekommen, führt Variante eins
stadtauswärts zum Gürtel mit dem Westbahnhof. In Höhe der Einmündung der Stollgasse befindet sich zwischen Innerem und Äu-
ßerem Neubaugürtel auf dem Emil-Maurer-Platz das monumentale, 1909 enthüllte Hesserdenkmal. Es erinnert an das k.k. Nieder-
österreichische Infanterie-Regiment Freiherr von Hess Nr. 49, das
1809 in der Schwarzlackenau gegen die Franzosen kämpfte. Die
Skulpturen, zwei kämpfende Krieger und ein aufrecht stehender
→ **Löwe,** stammen von Josef Tuch. Das Vorbild für den bronzenen
Löwen war ein real existierendes Tier, wie die *Wiener Zeitung* vom
25. Juli 1907 schrieb: „In jüngster Zeit wurde dem Künstler gestat-
tet, in der Schönbrunner Menagerie den Löwen nach der Natur zu
modellieren."

Variante zwei führt, die Mariahilfer Straße entlang, stadteinwärts zur Stiftsgasse, mit der Stiftskirche am Eck und der Stiftskaserne. Der langgestreckte Bau (Nr. 22–24), der Mosertrakt, gehört zum weiträumigen Komplex der Stiftskaserne. 1875, unter der
Regierung Franz Josephs I., erhielt er seine heutige Gestalt samt

Stiftgasse 2a (Stiftskaserne): Löwen über dem Eingang zur Kaserne;
Mariahilfer Straße (Stiftskirche): Guter Engel mit böser Schlange

figuralem Schmuck auf der Attika. Zur zentralen Figur einer Sie-
gesgöttin mit Lorbeerkranz in der rechten Hand kommen einmal
mehr *Adler* und *Löwe* als Tiere, die Macht, Stärke und Weitblick
symbolisieren. Der barocke Akademietrakt der Kaserne befindet
sich in der Stiftgasse 2a. Die beiden mächtigen → **Löwen** (18. Jh.)
über dem Eingang tragen die Wappen der Fürstenhäuser Savoyen
und Liechtenstein. Zu guter Letzt noch ein Blick auf die Fassade
der barocken Stiftskirche, in zwei Mauernischen finden sich Figuren. Beim linken Engel erblicken wir eine → **Schlange**, das kann
nichts Gutes bedeuten. Dieses Bild – Engel mit Schlange – kennen
wir bereits von der Karlskirche (4. Bezirk), dem Hauptwerk Johann Bernhard Fischer von Erlachs. Die Stiftskirche könnte – ge-
nau weiß man es nicht – von seinem Sohn Joseph Emanuel erbaut
worden sein.

Josefstädter Straße 25: Firmenzeichen goldener Löwe der Löwen-Apotheke

VOM BALDACHINLÖWEN ZUM WACHSAMKEITSKRANICH

Dass Wien auch als „Stadt der Löwen" bezeichnet werden kann, war 2016 im *Universum-Magazin* zu lesen und wurde mit zahlreichen Bildern belegt. Nahezu unzählbar sind die Löwenköpfe auf Fassaden oder Brunnen, etwas überschaubarer ist die Zahl sitzender, stehender oder liegender Ganzkörperlöwenfiguren. Ganz selten sind goldene Löwen anzutreffen. Eigentlich gibt es so einen goldenen *Löwen* mit einem schützenden Blechdach nur ein einziges Mal, und zwar in der Josefstädter Straße (Nr. 25) bei der → **Löwen-Apotheke.** Streng genommen heißt sie Alte Löwen-Apotheke; wobei „alt" bedeutet, dass sie 1782 an der Adresse gegenüber gegründete worden ist. Schon damals zierte das Tier die Fassade und war ein echter Hingucker. Als dann die Apotheke 1911 an die heutige Adresse des 1894 erbauten Hauses übersiedelte, kam der Löwe samt Blechbaldachin mit.

Auch der → **Wachsamkeitsbrunnen** (1783) von Johann Martin Fischer (1740–1820) vor dem Bezirksamt der Josefstadt am Schlesingerplatz (Nr. 5) stand ursprünglich an anderer Stelle, nämlich in der Alser Straße bei der Einmündung der Skodagasse und der Kochgasse. Historische Ansichtskarten zeigen die Brunnenfigur mit Blick auf das Haus Alser Straße 18, auf dem Spitz (Alser Spitz), der seit 2019 Trude-Waehner-Platz heißt. Im August 1937 musste der Brunnen aus verkehrstechnischen Gründen weichen. Neben den zwei wasserspeienden *Löwenköpfen* ist vor allem der *Kranich* von Interesse. Der Vogel, Symbol für Wachsamkeit, steht halb verdeckt zur Linken der Figur (Bleiguss), die laut dem Wiener Brunnenexperten Josef Donner *Kluge Jungfrau* heißt. Der Kranich hält in seiner rechten, erhobenen Kralle einen Stein. Eine Erklärung hat der Ornithologe Hans-Martin Berg: „Der Stein weist unzweifelhaft auf den Kranich hin, den hält er bei der ‚Wache',

Tigergasse 17:
Ein Tiger als Hauszeichen

Lerchenfelder Gürtel 57:
Sitzender Adler
mit Weitblick

Schlesingerplatz 5:
Wachsamkeitsbrunnen
(1779/1937) mit Kranich
von Johann Martin Fischer

Inneren Hernalser Gürtel 6–12: Adler am Bundesamt für
Fremdenwesen und Asyl
Neudeggergasse 12: Abstrakte Schmetterlinge von Josef Tschofenig

damit er, so er einschläft, vom herabfallenden Stein aufgeweckt wird." Einen kleinen „Schönheitsfehler" – oder ist es künstlerische Freiheit? – hat der Josefstädter Kranich: der gebogene Schnabel dürfte nicht sein, denn in der Natur haben Kraniche gerade Schnäbel.

Via Schönborngasse geht es zur Josefstädter Straße. Bei Nummer 85, dem → **Sechs-Schimmel-Hof**, zeigt ein Relief über dem Hauseingang sechs wild herumtobende *Pferde*. Damit hätte die noble Josefstädter Straße auch einen guten Grund, sich Sechsschimmelstraße zu nennen. Da es am Alsergrund aber bereits eine Sechsschimmelgasse gibt, bleibt hier alles beim Alten. Unser Ziel ist – zwei Gassen stadtauswärts – die abwärts führende Tigergasse. Bei Nummer 17 (Ecke Pfeilgasse) finden wir über dem Eingang einen dahinschreitenden → **Tiger** (1890) als Hauszeichen. Jetzt wissen wir, warum die Gasse Tigergasse heißt.

Geht man die Pfeilgasse in Richtung Gürtel, sind beim Eckhaus Lerchenfelder Gürtel 57 hoch oben am Gesims zwei sitzende → **Adler** zu sehen. Doch damit nicht genug der Adler am stark befahrenen Gürtel. Am inneren Hernalser Gürtel 6–12, dem Bundesamt für Fremdenwesen und Asyl, erblicken wir an den Hausecken zur Laudongasse bzw. Breitenfelder Gasse wieder mächtige steinerne *Adler*. Mit ihren ausgebreiteten Schwingen erwecken sie den Anschein, als wollten sie gerade abheben.

Als besinnlicher Abschluss wäre die Adresse Neudeggergasse 12 zu empfehlen. Man erreicht sie über die stadteinwärts führende Lerchenfelder Straße, die kleine Seitengasse biegt nach der Piaristengasse stadteinwärts als nächste Gasse links ab. Das bunte Steinmosaik → **Schmetterlinge** über der Toreinfahrt von Josef Tschofenig wirkt zunächst wie wirres Durcheinander bunter Steine und erinnert an die Diaspora der Juden. Bei längerem Hinschauen ordnen sich die Mosaikteile zu Flügeln abstrahierter Schmetterlinge. Auf die Geologie der Gesteine einzugehen, des roten Adneter Kalkes, des weißen Leithakalkes oder des grünen Serpentins, wäre eine andere Geschichte und würde hier zu weit führen.

Währinger Straße / Kolingasse:
Firmenzeichen des einstigen Sportgeschäfts „Zur Robbe"

SPORTHAUSROBBE UND WASSERSPEIENDE KRÄHE

Wahrscheinlich kennen viele, die die Währinger Straße stadtauswärts fahren, Ecke Kolingasse die auffallende Skulptur Zur Robbe. Die Herkunft der Robbe könnte mit einem heute nicht mehr existierenden Geschäft, dem → **Sporthaus „Zur Robbe"**, zusammenhängen und wäre damit ein Hauszeichen. Zu klären ist aber – im Sinne von Henne oder Ei –, wer zuerst da war. Gab es zuerst das Tier und hat sich das Sporthaus danach benannt? Oder hatte der Inhaber des Sporthauses „Zur Robbe" als Werbung eine steinerne Robbe als Hingucker für die Fassade anschaffen lassen? Jedenfalls bekam man in den späten 1940er-Jahren an dieser Adresse nicht nur Sportausrüstungen, sondern auch Karten für Sportveranstaltungen.

Fahrgäste der Straßenbahn mögen einen Blick nach links auf das Josefinum (Währinger Straße 25), das medizinhistorische Museum der Universität Wien, werfen. Vor dem L-förmigen, 1785 vollendeten Bauwerk gilt die Aufmerksamkeit einer Statue der Göttin Hygieia aus Blei von Johann Martin Fischer. In der Welt der Griechen war sie mit ihrem Attribut, einer *Schlange*, die sich über ihren Körper schlängelt und aus einer Schale in ihrer Rechten trinkt, für Gesundheit zuständig.

Ein X-Large-Hauszeichen befindet sich in der ebenfalls stadtauswärts führenden Alser Straße in der Nähe des Alten AKH. Über dem Eingang zu Haus Nummer 8 befindet sich eine große Raubkatze, die – auch wenn sie keine Streifen hat – als → **Tiger** anzusprechen ist. Hier befand sich Mitte des 19. Jahrhunderts die *Apotheke zum Tiger* in der Alservorstadt, die „immer frische Kräutersäfte vorräthig" hatte (*Die Presse*, 24. April 1849). Als dann die Apotheke zwei Häuser weiter ein neues Geschäftslokal (Nr. 12) bezog, wo sie bis zum heutigen Tag als „Tiger-Apotheke"

Alser Straße 8: Firmenzeichen Tiger der Tiger-Apotheke;
Zimmermannplatz 5 (Gabriele-Possanner-Park):
Brunnen mit wasserspeiender Krähe (2008) von Inés Lombardi

Wasagasse 23 (Josef-Divjak-Hof): Reiterzug (1966) von Eduard Föderl

firmiert, blieb „das tigerähnliche Tier oberhalb des Haustores" (Nr. 8) zurück. Da hatte es der *Löwe* der Löwen-Apotheke in der Josefstadt (siehe S. 109) schon besser. Als die dortige Löwen-Apotheke übersiedelte, kam die Löwenfigur mit. Was man dem steingrauen Tiger in der Alser Straße 8 jedenfalls noch verpassen könnte, wären Streifen.

Am neu gestalteten Zimmermannplatz, kurz vor dem Gürtel, befindet sich vor dem Haus Nummer 5 im Gabriele-Possanner-Park, versteckt hinter dem Grün einer Laube aus wildem Wein, ein Brunnen. Freilich kein Brunnen aus weit zurückliegender Vergangenheit, sondern einer aus dem Jahr 2008. Das Kunstwerk ist der Siegerentwurf eines geladenen Wettbewerbs von Kunst im öffentlichen Raum (KÖR), der im Zuge der Neugestaltung des Zimmermannplatzes ausgeschrieben worden ist. Die aus Brasilien stammende Künstlerin Inés Lombardi stellte einen Brunnen, wie sie seinerzeit zu hunderten in Wien vorhanden waren, in den öffentlichen Raum – soweit nichts Ungewöhnliches. Auch der Kübel und die → **Krähe** am Brunnenrand, allesamt aus Bronze, sind Attribute einer Alltagssituation. Dass die Krähe aber aus

dem Schnabel Wasser speit, ist ein eher seltenes Motiv; ein solches gibt es lediglich noch im Stadtpark, dort sind es wasserspeiende *Pinguine*.

In der Wasagasse 23 sehen wir am Josef-Divjak-Hof, was mit wandgebundenen Kunstwerken passiert, wenn das Haus eine dicke Wärmeisolierung bekommt. Der → **Reiterzug** (1966) von Eduard Föderl ist auf älteren Bildern noch gut als Relief zu erkennen. Heute sind die vier Rösser samt ihren vier Reitern rundum eingepackt und damit auch fast verschwunden. Schade! Zu guter Letzt noch ein animalisches Statement zum Namen der Sechsschimmelgasse. Denn nicht nur die Löwengasse in Wien-Landstraße zeigt mit *Löwen* auf den Fassaden, dass sie ihren Namen nicht zu Unrecht trägt, auch besagte Sechsschimmelgasse heißt nicht zufällig so, hat sie doch an der Ecke zur Galileigasse ein entsprechendes Sgraffito: *Zu den sechs Schimmeln*. Einer Sage nach soll ein Hausbesitzer seine sechs Schimmel als Vorspann an der steil zum Gürtel hinaufführenden Gasse zur Verfügung gestellt haben. Wie es halt so ist bei Sagen, etwas Wahres wird schon dran sein.

Troststraße 8–16: Känguru mit Jungem im Beutel von Alfons Loner

FAUNISTISCHE WELTREISE IN FAVORITEN

Mit mehr als 212.000 Einwohnerinnen und Einwohnern ist Favoriten der bevölkerungsreichste Bezirk Wiens. Die multikulturelle Bewohnerschaft darf sich an einer diversen Fauna mit Tieren aus Australien, der Antarktis, Asien, Afrika und Europa erfreuen, die in den 1950er- bis 1970er-Jahren hier eine bleibende Heimat gefunden haben. Einige sind im dichten Gebüsch versteckt, die meisten sind aber leicht zu finden, einige laden zum Klettern, Sitzen und Reiten ein.

Eines der versteckten Kunstwerke ist der aufrecht stehende *Tanzbär* mit Eisenkette an der Nase, zu finden in der Braunspergengasse 27 vor der 7er-Stiege. Hinter bärenhohem, dichtem Buschwerk ist die Kunststeinfigur, ein Spätwerk (1963) von Elisabeth Turolt, kaum zu finden. Heute wäre diese Art von Tierdarstellung ein No-Go, aber in den 1960er-Jahren kam es noch vor, dass Wanderzirkusse Bären an einer Kette als Attraktion mitführten.

Ebenfalls umgeben von Strauchwerk ist ein ehemals weißes, nun ergrautes, sprich angewittertes, → **Känguru mit Känguru- sprössling** im Beutel in der Wohnhausanlage Troststraße 8–16 (1950er-Jahre). „Vater", sprich Schöpfer, der australischen Tiergruppe bei Stiege 10 ist der Bildhauer Alfons Loner. Möglicherweise nahm der Künstler ein Riesenkänguru, es besitzt auffallend große Ohren, zum Vorbild für sein Werk.

Bei den drei → **Schnecken**, Spielplastiken im Kindergarten (kein öffentlicher Zutritt) der Klausenburger Straße 23, die ebenfalls Loner schuf, musste der Künstler seine Vorbilder nicht in der weiten Welt suchen. Er orientierte sich wohl an Weinbergschnecken mit ihren markanten Stielaugen. Die Tiere aus rotem Kunststein erinnern an eine Schneckenfamilie, Vater, Mutter, Kind, besitzen Stilaugen aus Bronze und laden als Spielplastiken zum Reiten ein.

Leebgasse 102–106
(Antonie-Alt-Hof):
Wasserbüffel von
Elisabeth Turolt

Klausenburger
Straße 23:
Schnecke im
Kindergarten von
Alfons Loner

Leebgasse 100
(Margarethe-Hilfer-
ding-Hof): Putto auf
Schnecke von
Hugo Taglang

Ein weiteres → **Känguru** verdanken wir Alfred Matzke. Zu finden ist es im Innenhof der Wohnhausanlage Graffgasse 7. Während Loner ein höchst realistisches Tier schuf, hat Matzkes freistehendes Kunststeinkänguru lange, dünne Beine und ist stark abstrahiert.

Leebgasse: Schneck, Pferd und Wasserbüffel

Machen wir nun einen Abstecher in die Leebgasse. Im Margarethe-Hilferding-Hof (Leebgasse 100) gestaltete der Bildhauer und Medailleur Hugo Taglang 1931 einen → **Puto auf Schnecke**. Damit griff Taglang die Idee einer Spielplastik auf, doch dieser Schneck ist schon besetzt und steht außerdem auf einer kurzen Säule, für Kinder unerreichbar. In der Anlage des benachbarten Antonie-Alt-Hofs (Leebgasse 102–106) bzw. in der Van-der-Null-Gasse 3–9 treffen wir auf ein *Pferd* (1951/1953) aus Bronze von Alois Heidel, es wirkt sehr gefällig und elegant. In der Leopoldstadt (siehe S. 61) löste Heidels *Ziege* (Bronze), ein mageres Tier mit rauer Oberfläche, die an ein struppiges Fell erinnert, indes große Entrüstung aus. Ebenfalls im Antonie-Alt-Hof befindet sich Elisabeth Turolts → **Wasserbüffel** (1951), auf dem ein nackter Junge reitet. Der Junge kommt nicht von ungefähr, zumal in Afrika und Indien Wasserbüffel domestiziert sind und zum Pflügen wie auch als Lasttiere eingesetzt werden. Das Kunstwerk besteht aus zahlreichen roten Steinzeugelementen.

An der Migerkastraße 1 / Ecke Laxenburger Straße fällt an der Fassade ein großes, schwarzweißes Wandbild mit fantasievollen Vögeln und Pflanzen von Brunhilde Bichler-Dreher auf. Im Hof der Anlage treffen wir auf eine „lebensgroße, qualitätsvolle Bronzeplastik der Künstlerin Gabriele Waldert" (www.wienerwohnen. at). Walderts Kunstwerk, ein → **Kalb** (1958), steht auf einer leicht schrägen Steinplatte und erweckt einen höchst lebendigen und realistischen Eindruck. „Das Jungtier in der Wiese vermittelt die Idee des gesunden Aufwachsens inmitten der Natur in Analogie zu den Kinderspielplätzen zwischen den Wohnbauten."

Van-der-Nüll-Gasse
100–110:
Pfau (1961) von Luise Wolf

Graffgasse 7: Känguru von
Alfred Matzke

In der weitläufigen Anlage, begrenzt durch die Herzgasse (103–109) im Westen, die Dieselgasse (11–15) im Norden und die Van-der-Nüll-Gasse (100–110) im Osten, steht ziemlich verloren der bronzene → **Pfau** (1961) von Luise Wolf zwischen Birken in der Wiese. Der stolz blickende Vogel, der ausnahmsweise kein Rad schlägt, dessen lange Schwanzfedern daher den Boden berühren, wurde und wird von Kindern als Rutsche benutzt. Dies verrät der blank polierte Rücken des Tieres; offenbar halten sie sich auch an Hals und Kopf fest, denn auch hier glänzt die Skulptur, die als Titelbild unser Buch schmückt.

Ein Besuch auf der Südhalbkugel

Die nächsten tierischen Ziele sind in der Gußriegelstraße, die in einem weiten Bogen die Raxstraße im Süden mit der Quellenstraße im Norden verbindet. Tiergeografisch begeben wir uns auf die Südhalbkugel. Wir besuchen einen antarktischen Einwohner in der Gußriegelstraße 52 / Raxstraße 38. Der *Pinguinbrunnen* (1962) stammt von Walter Leitner. Betrachtet man das Bronzetier, fällt dessen sehnsüchtig verträumter Blick auf. Wahrscheinlich träumt der Pinguin von Wasser, die Brunnenschale ist trocken und nur nach langem, ausgiebigem Regen gefüllt. Am Nahrungsmangel kann es nicht liegen, denn am Boden der Brunnenschale finden sich ein paar *Fische* (Mosaikarbeiten).

Gegenüber, in der weitläufigen Anlage Gußriegelstraße 51–59 / Graffgasse hat sich auf dem Spielplatz ein weißer *Seelöwe* (1958/1959) aus Kunststein von Franz Waldmüller niedergelassen. Er hebt neugierig den Kopf, so, als würde er die Lage sondieren. Seelöwen, die zur Familie der Ohrenrobben gehören, haben ihre größte Verbreitung im Bereich der arktischen und antarktischen Meere.

Nicht weit entfernt, in der Quaringasse 13, entdecken wir auf dem Spielplatz vor dem Kindergarten gegenüber dem Quarinhof (Nr. 16) drei kleine → **Elefanten** (1964, Kunststein) von Ilse Pompe-Niederführ. Werden Elefanten üblicherweise statisch dargestellt, so hat die Künstlerin hier drei junge, spielende Tiere geschaffen, die lebendiger und ausgelassener kaum sein könnten; für Kindergartenkinder gut passend.

Tiere aller Himmelsrichtungen

Ein animalisches Multikulti finden wir auf einem → **viereckigen Obelisken** (1956) in der Gußriegelstraße 9 / Rotenhofgasse in der Anlage des Anna-Boschek-Hofes (Davidgasse 76–80) von Herbert Potuznik. Die Auswahl der Tierspezies aus bunten Mosaiksteinchen orientiert sich an den vier Himmelsrichtungen, die vertikale Anordnung erinnert an die Bremer Stadtmusikanten. Die unteren Tiere sind eindeutig als *Bär, Giraffe, Bison* und *Känguru* zu bestimmen. Ausgehend von Wien als Standort stellen sie den Norden, den Süden (Afrika), den (amerikanische) Westen und den Osten bzw. Südosten mit Australien dar. Auch die Tiere darüber folgen tiergeografischen Zuordnungen, wobei hier detaillierte zoologische Kenntnisse von Vorteil sind.

Wer nun Gefallen an Tiermosaiken gefunden hat, ist im Laaerbergbad richtig. Dort befindet sich neben zwei in der Liegewiese zum Sitzen einladenden → **Schildkröten** (1961) aus Beton von Othmar Jarmer bei den Duschen auch eine Mosaikwand von Ferdinand Kitt, die → **Wasservögel** (1959). Laut ornithologischer Expertise von Hans-Martin Berg (Naturhistorisches Museum) sind – von links nach rechts – folgende Vögel zu bestimmen: ein schwimmendes *Stockentenpaar,* ein stehender *Flamingo,* ein sein Gefieder aufplusternder *Höckerschwan,* ein schwimmender *Haubentaucher,* eine fliegende *Möwe,* ein sitzendes *Blässhuhn* und ein fliegendes *Reiherentenmännchen,* wobei der gegabelte Schwanz nicht ganz der Realität entspricht.

Vom Laaerbergbad beim Verteilerkreis Favoriten ist es nicht mehr weit zum Kurpark Oberlaa. Dort begeben wir uns zum *Papagenobrunnen* von Hilde Heger. Der Brunnen aus Lindabrunner Konglomerat ist eine Kopie des Salzburger Originals (1961) und war ein Geschenk der Stadt Salzburg an Wien. Anlass war die WIG 74, die Wiener Internationalen Gartenschau im Jahr 1974,

Laaerbergbad: Mosaikwand
Wasservögel (1959)
von Ferdinand Kitt;
Absberggasse 22: Hirte mit
zwei Schafen (1958) von Franz
Barwig dem Jüngeren;
Quaringasse 13:
Drei kleine Elefanten (1964)
im Kindergarten von
Ilse Pompe-Niederführ;
Gußriegelstraße 52:
Pinguinbrunnen (1962) im
Kindergarten von
Walter Leitner

Hirte mit zwei
Schafen

Gußriegelstraße / Rotenhofgasse (Anna-Boschek-Hof):
Obelisk mit Tierdarstellungen (1956) von Herbert Potuznik

im Zuge derer der Kurpark geschaffen wurde. Papageno (Bronze) steht auf einer Steinsäule, trägt am Rücken einen Vogelkäfig. Auf diesem sitzt ein *Vogel*, ein zweiter hat zu seinen Füßen Platz gefunden, weitere sitzen auf einem Metallring unter seinen Füßen.

In der Wohnhausanlage Puchsbaumgasse 5–7 / Absberggasse 22 / Kudlichgasse / Schrankenbergasse stoßen wir auf Walter Lackners → **Zwei Pferde** (1958) aus Bronze. Die beiden Tiere, *Stute* und *Fohlen*, stehen in der Mitte einer runden Brunnenschale aus Beton. Die Stute beugt ihren Kopf zum Trinken hinunter; doch wo einst Wasser war, ist heute Beton. Da hat es das Fohlen besser, es trinkt bei der Mutter. Schade, dass die Brunnenschale zubetoniert wurde, wahrscheinlich war es zu mühsam, sie stets sauber zu halten. Weniger verfremdet, wenngleich auch partiell besprayt, ist der ebenfalls in der Anlage befindliche → **Hirte mit zwei Schafen** (1958) aus Kunststein von Franz Barwig dem Jüngeren.

Pferde aller Arten

Nicht weit entfernt, in der Anlage, die sich von der Feuchterslebengasse 67 im Norden ausgehend auf dem weitläufigen, leicht ansteigenden Areal Richtung Laaer-Berg-Straße erstreckt, finden wir Otto Eders *Hockendes Zirkuspferd* (1964). Der Künstler goss es aus weißem Kunststein. Rote Kalksteinstückchen und dunkle Serpentinitsteinchen verwendete er zur Zierde des Tieres, das damit ein wenig exotisch wirkt. Gänzlich naturbelassen, ohne buntes Beiwerk, wenngleich auch beschmiert, ist das *Ruhende Pferd* (1958) aus Lindabrunner Konglomerat in der Troststraße 18 / Wirerstraße 6–14 von Robert Ullmann, der 1903 in Mönchengladbach geboren wurde und 1966 in Wien als Bildhauer und Medailleur verstarb. Die Skulptur steht auf einer niedrigen Mauer aus Gneisplatten, wie sie in der Nachkriegszeit weit verbreitet und beliebt waren. Lohnend ist hier an der Adresse Troststraße 18 ein Blick auf das Sgraffito *Raben* (1956) von Kurt Absolon. Sie zieren den Umschlag des Buches „Kunst-am-Bau im Wiener kommunalen Wohnbau der fünfziger Jahre" von Irene Nierhaus (Böhlau, 1993), *dem* Klassiker zu der Thematik.

Puchsbaumgasse 5-7: Zwei Pferde (1958) von Walter Lackner

Reumannplatz: Temporäres Kunstwerk mit Ablaufdatum:
Schlafendes Pferd (2023) von Heike Mutter und
Ulrich Genth

Ludwig-von-Höhnel-Gasse 2 (Laaerbergbad):
Schildkröten (1961) von Othmar Jarmer

Zentralfriedhof (Ehrengrab):
Katzenkönig, nach einem Entwurf von Manfred Deix

TIERISCHE KÖNIGE IN SIMMERING

Wenn es um Könige im Tierreich geht, werden an erster Stelle Löwen genannt. Bezieht man die Welt der Märchen mit ein, kommen neben den Großkatzen auch Amphibien zu aristokratischen Ehren, Stichwort Froschkönig. Das Märchen der Brüder Grimm ist bekannt. Es stellt sich nur die Frage, wie bekannt der Stolz der Simmeringer und Simmeringerinnen ist, der → **Froschkönigbrunnen**. Er ist leicht zu finden: bei der Endstation der U3 auf der Simmeringer Hauptstraße, wo die Kaiserebersdorfer Straße beginnt. Unübersehbar und monumental sitzt der 300 Kilogramm schwere und 133 Zentimeter große grüne *Frosch* (Bronze) von Gottfried Kumpf auf einer großen Halbkugel aus silbrig glänzendem Metall. Der Froschkönigbrunnen (2000), ein beliebter Treffpunkt, hat das Zeug zum Bezirkswahrzeichen. Geht es nach der Zahl der Zacken in der Krone des Simmeringer Amphibs, so bringt es das Tier mit seinen neun Zacken nur zum Grafen.

Ein anderer König der Tiere, der → **Katzenkönig**, thront am Ehrengrab des Karikaturisten Manfred Deix am Zentralfriedhof (Tor 2, Gruppe 33 G, Nr. 10). Da Deix erklärter Katzenfreund war, ist eine Katze in majestätischem Gewand und mit Krone nur als logische Konsequenz von Deix' Tierliebe zu sehen.

Natürlich gibt es im Südosten Wiens, in der Rinnböckstraße 16 in Simmering, auch „echte" Könige der Tiere, sprich Löwen. Die Skulptur → **Spielende Löwen** (1961) befinden sich im Innenhof des Gebäudes. Die beiden balgenden Jungtiere aus weißem Leithakalk sind ein Werk von Alfred Hrdlicka.

Ein wenig stadtauswärts, in der Rinnböckstraße 47, ist im Kindergarten der Stadt Wien (kein öffentlicher Zutritt), der 1963/64 nach Plänen der renommierten Architektin Margarete Schütte-Lihotzky erbaut wurde, beim Eingang eine bunte *Vogelgruppe* des

Rinnböckstraße 16: Spielende Löwen (1961) von Alfred Hrdlicka;
Thürnlhofstraße 21–23: Fische (1970/1971) von Luise Wolf

Simmeringer Hauptstraße / Kaiserebersdorfer Straße: Froschkönigbrunnen
(2000) von Gottfried Kumpf

Keramikers Peter Weihs zu sehen. Die stark abstrahierten Vögel, ein buntes Frühwerk des Künstlers, sind von einem schützenden Vogelkäfig aus Nirosta umgeben. Mit etwas Fantasie könnten Assoziationen an einen Pfau als Vorbild erweckt werden.

„Betreten verboten" versus „Durchkriechen erlaubt"

In den Niederungen von Simmering, wo sich die großen Gärtnereien befinden, stoßen wir im Bereich des parallel zur Kaiserebersdorfer Straße verlaufenden Mitterwegs auf Plattenbausiedlungen der späten 1960er- und frühen 1970er-Jahre. Namentlich sind das der Karl-Meisel-Hof und der Karl-Swoboda-Hof in der Florian-Hedorfer-Straße 28–44. Für letzteren schuf Susanne Peschke-Schmutzer die große Kunststeinplastik *Trojanisches Pferd* (1970). Was bei dieser Figur wie ein Paradoxon anmutet, ist der Hinweis „Betreten des Kunstwerkes verboten", zumal die eigentliche Bestimmung des trojanischen Pferdes ja das Betreten ist.

Noch ein Stück stadtauswärts, im Westen von Kaiserebersdorf, ist das „Betreten" des Kunstwerks, der → **Fische**, sogar ausdrücklich erwünscht. Zu finden sind die zwei abstrakten Fischskulpturen (1971) aus Kunststein in der Wohnhausanlage Thürnlhofstraße 21–23 auf dem Spielplatz (westlich der Stiege 14–16). Ein Fisch hat ein großes Loch zum Durchkriechen für kleinere Kinder, der andere lädt zum Reiten ein. Beide stammen von Luise Wolf, der wir in Favoriten (siehe S. 126) auch einen *Pfau* aus Bronze verdanken.

Im Süden von Kaiserebersdorf, an der Adresse Muhrhoferweg 7, steht, umgeben von grünem Buschwerk, nördlich von Stiege 13 die Brunnenplastik → **Pinguin auf Wasserball** (1972) von Christine Nowotny. Nicht nur der Ball ist hier bunt, auch die blaue Badehose des vergnügt wirkende Pinguins bringt Farbe ins Spiel und suggeriert, zumindest war das in den Siebzigerjahren noch so, dass er ein Männchen ist.

Muhrhoferweg 7: Pinguin auf Wasserball (1972) von Christine Nowotny

Geiselbergstraße 60–64 (Widholzhof): Pelikanbrunnen von Alfred Hofmann

Zurück Richtung Zentrum folgen wir via Etrichstraße der Kaiserebersdorfer Straße bis zu deren Einmündung bei der Endstation der U3. Hier beginnt die parallel zur Simmeringer Hauptstraße verlaufende, stadteinwärts führende Hugogasse. Bei Nummer 20, im Otto-Mraz-Hof, einem Bau aus der Mitte der 1960er-Jahre, wurde im Hof die kunststeinerne Skulptur → **Kind und Bär** (1957) von Alfred Hofmann aufgestellt. Betrachtet man das auf einem Sockel stehende Kunstwerk, würden auch beschreibende Namen wie „Vergnügter Bärenreiterbub" oder „Reitender Bub zwickt Bär ins linke Ohr" gut passen. Die Skulptur war ursprünglich für einen anderen Ort bestimmt, fand aber 1966 hier ihren Platz.

Hofmann verdanken wir mehrerer Tierskulpturen in Wien, darunter den → **Pelikanbrunnen** im Widholzhof, Geiselbergstraße 60–64, der den dreieckigen Innenhof dominiert. Am Rand des steinernen Brunnenbeckens sitzen drei *Vögel* aus Bronze und blicken ins Becken, als würden sie dort nach Fischen Ausschau halten.

Hugogasse 20 (Otto-Mraz-Hof): Kind und Bär (1957) von Alfred Hofmann

Wienerbergstraße 12 (Max-Opravil-Hof): Zierbrunnen-Tiersäule (1960)
mit Kakadu von Robert Obsieger

DIE TÖNERNEN TIERE DER MEIDLINGER MENAGERIE

Betrachtet man größere Tier(an)sammlungen, sind nicht nur lebendige Tiere im Zoo von Schönbrunn oder ausgestopfte wie im Naturhistorischen Museum zu nennen. Auch tönernen Tieren muss man eine Bühne bieten. Doch wie sollen sie auftreten? Nebeneinander, hintereinander oder übereinander?

Im Falle des → **Zierbrunnens mit Tiersäule** (1960) in der 1949 bis 1954 errichteten Anlage des Max-Opravil-Hofes in der Wienerbergstraße 12 entschied sich der Künstler Robert Obsieger für das Übereinander der roten Tontiere. Die Kinder des dortigen Kindergartens (kein öffentlicher Zutritt) erfreuen sich an der gebrannten Tiervielfalt, die ihresgleichen sucht. Ganz oben ein stolzer Gockelhahn, ähnlich wie bei den Bremer Stadtmusikanten. Darunter zwei *Affen*, *Koalamama* mit *Koalasprössling* am Rücken, *Igel*, *Bär*, *Kakadu* und *Uhu*, *Maus*, *Frosch* und *Hase* – wer da nicht sein Lieblingstier findet, dem ist nicht zu helfen. An selbiger Adresse würde sich für alle Freunde großer Tiere das gewichtige → **Walross** (1953/54) aus weißem Kalkstein von Othmar Jarmer anbieten. Wer es bisher nicht wusste: Walrösser, die an ihren beiden langen Zähnen leicht zu erkennen sind, leben nur auf der Nordhalbkugel.

Weiteren tierischen Zuwachs finden wir in der Wienerbergstraße 16–20 in der Wohnhausanlage *Am Wienerberg* aus den 1920er-Jahren. Bei den Nummern 16 und 18 der Wienerbergstraße stehen auf hohen, grauen Betonsockeln zwei steinerne, gelb getünchte → **Steinputti** (1930), sprich kleine nackte Knaben, des Künstlers Wilhelm Hejda. Einer der beiden spielt mit einem *Bärenjungen* (Nr. 16), der andere hat eine *Gans* (Nr. 18), eine zweite liegt ihm zu Füßen, und ein *Fischotter* versteckt sich hinter dem Knaben. Hejda, ein Schüler von Caspar Zumbusch, schuf auch den

Wienerbergstraße 12
(Max-Opravil-Hof):
Walross (1953/54)
von Othmar Jarmer

Wienerbergstraße
16–18 (Am Wienerberg):
Putto mit Gans und
Fischotter (1930) von
Wilhelm Hejda

monumentalen *Adler* am ehemaligen Kriegsministerium (heute: Regierungsgebäude) am Stubenring in der Inneren Stadt.

Weiter westlich, in der Nähe des einstigen Kabelwerks, in der Stüber-Gunther-Gasse 2, beim Pflegewohnhaus Meidling, warten zwei Tiere (1960) aus Kalkstein. *Waschbär* und *Wolfspitz* stammen von Alexander Wahl (1910–1994), einem gebürtigen Berliner, der in Wien bei Anton Hanak studiert hat.

Ganz im Westen des zwölften Bezirks, an der Grenze zum 13. Bezirk, treffen wir in der Anlage des Johann-Resch-Hofs (Atzgersdorfer Straße 1 / Hetzendorfer Straße) Elisabeth Turolts aufrecht sitzenden *Roten Bären* (1951) aus Kunststein. Um dem Meidlinger Meister Petz zu begegnen, nehmen wir die Münchenstraße von der Atzgersdorfer Straße oder die Werthenburggasse von der Hetzendorfer Straße kommend. Ebenfalls hier, an der Fassade des Johann-Resch-Hofs (Hetzendorfer Straße 163 / Ecke Atzgersdorfer Straße) bei der Haltestelle Atzgersdorfer Straße (62er, Bus: 58B), befindet sich das Relief *Zwei Pferde* (1951) des Bildhauers Alois Heidl. Die beiden vertikal angeordneten Pferde sind stark abstrahiert.

Die Hetzendorfer Straße führt zum Schloss Hetzendorf. Davor biegen wir links in die Jägerhausgasse ein. Bei Nummer 52 wartete die *Bache mit Frischlingen* (1957/58) von Hannes Haslecker – eine ziemlich verwitterte Natursteinplastik, die Restaurierungsbedarf zeigt. Aber nachdem sich Wildschweine gerne im Schlamm suhlen, wird das die Tiere, die offensichtlich Futter suchen, wohl auch nicht stören.

Hier im Norden Meidlings gibt es noch eine Reihe anderer Tiere zu entdecken. Ungewöhnliche Bezeichnungen liegen für die Kunststeinskulptur *Mann mit Kalb* (1953) in der Ruckergasse 58 von Gabrielle Waldert vor. Zu besagter Skulptur in der Anlage südlich der Spittelbreitengasse und westlich der Ruckergasse findet sich auch eine martialische Lesart: „Vor Stiege 15 ist eine Steinplastik *Schlächter mit Kalb* von Gabriele Waldert aufgestellt, um an die abgerissenen Schlachthöfe zu erinnern" (www.wienerwohnen.at). Besagter Schlachthof existierte von 1888 bis 1953 und hatte den Haupteingang in der Spittelbreitengasse. So gesehen ist

Längenfeldgasse 68 (Fuchsenfeldhof): Fuchskopf als Brunnenzierde

diese Variante der Kunstwerksbenennung nachvollziehbar, zumal der Mann auch eine Schürze, wie sie Fleischhauer haben, trägt.

In der nächsten Umgebung, Rollingergasse 6–8 / Tanbruckgasse 26 treffen wir im dortigen Kindergarten (kein öffentlicher Zutritt) auf einen Brunnen mit zwei *Seehunden* aus Stein. Wer sie schuf und wie sie heißen, konnten wir nicht eruieren. Fakt ist nur, dass auch diesem Brunnen das Wasser abgedreht wurde. Wenn es um Kunstwerke speziell für Kinder geht, dann lohnt ein Besuch im Wilhelmsdorfer Park, den wir über die Karl-Löwe-Gasse erreichen. Die dortige Sandkiste hat vier *tierische Wächter*. *Eule*, *Schweinchen*, *Dalmatiner* und *Katze*, allesamt aus massivem Holz geschnitzt, überwachen auf vier runden Holzsäulen das Sandbuddeln der Kleinen. Die Gesichter der Tiere zeigen Züge menschlicher Mimik, sie signalisieren Neugier, Überraschung und Freude.

Wir bleiben im Grätzel zwischen der Meidlinger Hauptstraße und der Grünbergstraße. In der Tivoligasse 4–6 finden wir auf der Grünfläche vor einer Wohnhausanlage der frühen 1960er-Jahre eine als *Vogelbaum* (Kalkstein) bezeichnete abstrakte, genauer gesagt kubistische, Steinplastik. Sie stammt von der gebürtigen Südtirolerin Joana Steinlechner-Bichler. Die Beschreibung ihres Schaffens mit „Blockhafte Plastizität und das Betonen von Formen und Volumen" (www.artothek.info) findet mit dem Vogelbaum eine eindrucksvolle Bestätigung.

Tierische Kleinode längs der Längenfeldgasse

In der Längenfeldgasse, einer vielbefahrenen Nord-Süd-Verbindung im Osten Meidlings, reihen sich markante Gemeindebauten des Roten Wien aneinander. Dort haben sich einige Tiere versteckt, die erst beim zweiten Blick zu sehen sind. Im Fuchsenfeldhof (1922–1925), Längenfeldgasse 68, suchen wir das Tier zum Hofnamen und werden im ersten Hof fündig. Den dortigen Brunnen ziert eine → **Fuchskopfplastik** von einem „unbekannten Künstler" (www.wienerwohnen.at).

Wilhelmstraße 20–24:
Taubengruppe (1954) von
Alfons Riedl

Längenfeldgasse 14–18
(Lorenshof): Knabe mit
Hund (1928) aus
Terracotta

Malfattigasse 1–5
(Fröhlichhof): Brunnen
mit drei Froschmäulern
aus Bronze

Im Bebelhof (1925–1926), Ecke Steinbauergasse 36, wartet am Rand eines *Trinkbrunnens* (1953), dessen Form an einen bunten Trinkbecher erinnert, ein *Frosch* aus Bronze. Für den Brunnen wie auch für die hier befindliche *Rutschbahn* mit der Aufschrift „Vergiss nicht, dass auch du einmal ein Kind warst" ist als Künstler der aus Italien stammende Mario Petrucci zu nennen.

Die Fassade des langgezogenen Lorenshofes (1927–1928) in der Längenfeldgasse 14–18 zieren → **Terrakottafiguren spielender Kinder mit Tieren** (*Hund, Schaf* etc.), auch sie fallen, ebenso wie die Tierköpfe *(Widder, Pavian, Bär* und *Löwe),* die wir an dessen nordseitigen Fassade (Arndtstraße 45) entdecken, in die Gruppe „Unbekannter Künstler".

Gegenüber, in der Hans-Mandl-Berufsschule (Längenfeldgasse 13–15; Anmeldung beim Portier), befindet sich auf einem grauen Granitsockel ein *Liegendes Rind.* Besagtes Tier aus Bronze, ein Zugochse, wie die Infotafel am Sockel der Bronzeplastik von Gabriele Waldert (1902–1991) verrät, steht erst seit Oktober 1999 hier, vorher (1962) war es am Gelände des Wiener Schlachthofs aufgestellt. Fährt man die Längenfeldgasse noch ein Stück weiter Richtung Wiental, erreicht man die Schönbrunner Straße. Sie ist Teil der Westeinfahrt Wiens und wird werktags von tausenden stadteinwärts fahrenden Menschen frequentiert. Wendet man sich bei der Wohnhausanlage Schönbrunner Straße 195 nach rechts in die Kobingergasse, gilt es das → **Aufspringende Pferd,** eine Bronzeskulptur (1970) der Autodidaktin Elisabeth Turolt, bei Stiege 3 zu besuchen.

Wer auf der Schönbrunner Straße im Stau steht, findet am Eckhaus Kollmeyergasse (Nr. 2) mit dem Relief *Alter Meidlinger Geflügelmarkt* (1951/53) von Franz Fischer eine willkommene Ablenkung. Zu sehen sind **Truthahn, Gans, Hahn** und *Tauben.*

Steinerne Relieftauben in größerer Zahl, dekorativ angeordnet als → **Taubengruppe** (1954) über dem Durchgang in der Wilhelmstraße 20–24, verdanken wir dem Bildhauer Alfons Riedl.

Um bei Vogelreliefs zu bleiben, ein abschließender Blick auf fünf *Papageien* über der Garageneinfahrt der Kricchbaumgasse 10. Sie stammen von Franz Barwig dem Jüngeren, dessen Tierdar-

Kobingergasse 10: Aufspringendes Pferd (1970) von Elisabeth Turolt

stellungen an zahlreichen Orten zu finden sind. Durch die dicke Dämmung der Fassade ist das ursprünglich erhabene Relief an der Fassade quasi in der Fassade verschwunden – ob Barwig das so wollte?

Östlich der Längenfeldgasse verläuft zunächst die Malfattigasse. Der Hof des Fröhlichhofs (1928–1929) auf Nummer 1–5 wird dominiert vom zentralen *Weltkugelbrunnen* (1929). Der Name des Hofes hat nichts mit „fröhlich" im Sinne von „glücklich" zu tun, sondern geht auf die langjährige Geliebte Franz Grillparzers, Katharina Fröhlich, der „ewigen Braut" des Dichters, zurück. Zentrales figurales Element des Brunnens von Stanislaus Plihal sind vier Putti, auf deren Schultern die Last der ganzen Welt(kugel) liegt. Uns interessieren allerdings die drei nebeneinanderliegenden → **Mäuler der bronzenen Frösche,** die schon lange kein Wasser mehr speien

In der Fockygasse 53 besuchen wir zwei Figurengruppen, die je einen *Knaben mit Zicklein* (1931) zeigen. Sie stammen von Rudolf Schmidt, einem gelernten Edelsteingraveur, der von 1918 bis 1923 an der Akademie der bildenden Künste studierte.

Hevesigasse 9–13: Zwei Giraffen (1965) von Herbert Schwarz

VOM GIRAFFENHOTSPOT ZUM STEINERNEN ZOO IN SCHÖNBRUNN

Kein Wiener Bezirk vereint mehr Giraffen innerhalb seiner Grenzen als Hietzing, und das schon seit dem Sommer 1828. Damals kam die erste Giraffe aus Ägypten in den Tiergarten Schönbrunn nach Wien und löste eine wahre Giraffenmanie aus. Das Tier war *die* Sensation im ältesten Zoo der Welt. Aber neben lebendigen Giraffen im Tiergarten gibt es in Hietzing auch drei Exemplare aus Bronze, somit rangiert der noble 13. Bezirk auch bei Giraffenskulpturen an erster Stelle.

Bronzegiraffe Nummer eins befindet sich in der weitläufigen Anlage des Rudolfine-Muhr-Hofes. Die Bauten aus den frühen 1950er-Jahren werden im Süden von der Elisabethallee und im Westen von der Wattmanngasse begrenzt. Die weithin sichtbare Bronzeplastik *Giraffe* von Hannes Haslecker, einem gebürtigen Linzer und späteren Wotruba-Schüler, aus dem Jahr 1955 steht bei der Elisabethallee gegenüber den Nummern 75–79, nur einen Steinwurf vom Montecuccoliplatz entfernt.

In der benachbarten Wohnhausanlage Wattmanngasse 58–60, die im Nordwesten von der Adolf-Lorenz-Gasse begrenzt wird, gilt es genauer zu schauen. Das → **Schneckenpaar** (1958) aus weißem Leithakalk von Fred Gillesberger ist, obwohl die Tiere aufgerichtet dargestellt sind, dennoch deutlich kleiner und nicht schon, wie die langhalsige Giraffe, von der Ferne zu sehen.

Bronzegiraffe Nummer zwei und drei sind in wenigen Minuten zu erreichen, und zwar via Elisabethallee und Stranzenberggasse. In der Mitte der kurzen Hevesigasse bei Nummer 9–13 stehen → **Zwei Giraffen** Jahrgang 1965. Wir verdanken die zwei Bronzeskulpturen dem aus Wien stammenden Künstler Herbert Schwarz,

Bossigasse 14: Elefant (1954) von Christa Vogelmayer

von dem auch der *Indische Elefant* in der Gablenzgasse (siehe S. 170) stammt.

Doch auch in Hietzing gibt es eine Elefantenskulptur. Der → **Elefant** (1954) von Christa Vogelmayer in der Bossigasse 14 stellt ein knieendes Tier dar. Betrachtet man den aus weißem Kalkstein (Leithakalk) geschaffenen Elefanten von vorne, könnte man meinen, er schläft und träumt von besseren Zeiten. Aufgrund der großen Ohren hatte Vogelmayer wohl einen Afrikanischen Elefanten als Vorbild.

Wirkt der weiße Elefant in Unter St. Veit wie ein Artefakt, sieht das *Reh* aus Bronze in der Auhofstraße 120 (Stiege 1) nahezu echt aus. Ganz so, als würde es eben aus dem Gebüsch zur Äsung austreten.

Für die Plastik *Das hässliche kleine Entlein* im Kindergarten (kein öffentlicher Zutritt) des Hügelparks war tatsächlich das berühmte gleichnamige Märchen von Hans Christian Andersen Vorbild. Margarete Bistron-Lausch fertigte diese Plastik anlässlich des 150. Geburtstags des dänischen Dichters im Jahr 1955 für den städtischen Andersen-Kindergarten zwischen Stoesslgasse und Fichtnergasse.

Der Lainzer Tiergarten, das große Naturschutzgebiet im Westen des Bezirks, besitzt sechs Tore. Das nördlichste ist das Pulverstampftor bei der Westausfahrt in Auhof. Hier warten auch *die* typischen Tiere des Lainzer Tiergartens: zwei steinerne → **Wildschweine**. Die Kalksteinskulpturen auf hohen Steinsockeln besitzen große Hauer, zeigen zottiges Fell und erinnern daran, dass sich hinter der 22 Kilometer langen Mauer einst ein kaiserliches Jagdgebiet befand. Via Lainzer Tor kommt man zur von Carl Hasenauer errichteten Hermesvilla. Im großen Brunnen davor befindet sich eine Skulptur der sagenumwobenen Genoveva mit ihrem Kind und einem *Hirsch* von Viktor Tilgner.

Die steinernen Tiere im Schlosspark Schönbrunn

Aus Sicht lebendiger Tiere ist in Schönbrunn zweifelsfrei der Tiergarten die Nummer eins. Wenn es um steinerne Tiere geht, rangiert der weitläufige Schlosspark an erster Stelle. Die zoologische Vielfalt im Garten ist wenig(er) bekannt, nicht immer auf den ersten Blick zu sehen, sehr symbolträchtig und verdient es, entdeckt zu werden. Als Begleitlektüre ist das Taschenbuch „Schönbrunner Statuen 1773 bis 1780" von Beatrix Hajós (Böhlau, 2004) zu empfehlen.

Kein Geringerer als Johann Bernhard Fischer von Erlach führte am Beginn des 18. Jahrhunderts in seinen Plänen für Schloss Schönbrunn auch den weitläufigen Garten sowie den Ehrenhof samt prunkvollem Eingang im Detail aus. Beim Eingang an der Wienzeile symbolisieren zwei mit → **Adlern bekrönte Obelisken** allen Ankommenden herrschaftliche Macht. Natürlich dominiert den Figurenschmuck der Gloriette auch ein großer *Doppeladler* aus weißem Kalkstein. Auch der 1777 von Johann Ferdinand Het-

Schloss Schönbrunn (Westfassade): Adler über Uhr

Adolf-Lorenz-Gasse 5: Schneckenpaar (1958) von Fred
Gillesberger; Lainzer Tiergarten (Pulverstampftor):
Wildschwein von unbekanntem Künstler

zendorf von Hohenberg errichtete *Obeliskenbrunnen* im Osten des Schlossparks hat an der Spitze des Obelisken einen **Adler.** Der König der Lüfte sitzt auf einer goldenen Sonnenkugel als Zeichen der Macht. Getragen wird der Obelisk von vier goldenen **Schildkröten,** sie symbolisieren Stabilität, was angesichts der Schildkrötenpanzer nicht verwundert. Wer seinen Blick schweifen lässt, wird beim Obeliskenbrunnen noch allerlei andere Tiere, darunter zahlreiche **Schlangen** und auch einen Vierbeiner, entdecken – ob es sich bei Letzterem um einen **Hund,** einen **Wolf** oder ein anderes Tier handelt, wäre noch zu klären.

Nach dem Obeliskenbrunnen entstand von 1777 bis 1780 der *Neptunbrunnen,* heute ein viel fotografierter Blickfang im Großen Parterre des Schlossparks, zwischen dem Schloss in der Niederung und der weithin sichtbaren Gloriette auf dem Berg. Neben mächtigen Hippocampen, Mischwesen aus **Pferd** und **Fisch,** fallen unter anderem ein riesiger **Ammonit** (Fossil) und **Schildkröten,** allesamt aus Sterzinger Marmor, auf.

Die Steinfiguren, Darstellungen der griechischen Götterwelt, die sich zwischen dem Schloss und dem Neptunbrunnen im Großen Parterre bzw. in den beiderseitigen Boskettbereichen befinden, haben vielfach tierische Attribute (**Hunde, Schlangen, Eber** etc.), die es zu entdecken lohnt. Seitlich des Schlosses, im Hietzinger Kammergarten, finden wir bei der Statue der Diana, der griechischen Göttin der Jagd, ein erlegtes **Reh,** neben dem nackten Meleager, der am Argonatenzug des Jason teilnahm, ruht ein **Hund.** Mastermind der über dreißig Statuen, die in den Jahren 1773 bis 1780 entstanden sind, ist der Bildhauer Wilhelm Beyer. Er verwendete weißen Sterzinger Marmor, betraute mit der Ausführung aber zahlreiche andere Bildhauer als Subunternehmer.

Zu guter Letzt sei noch ein bronzenes **Pferd** mit Reiter ganz im Westen der Parkanlage, gegenüber dem Palmenhaus beim Eingang in den Tiergarten, erwähnt. Hier steht das Modell (um 1795) für das Denkmal von Kaiser Joseph II. auf dem Josefsplatz (siehe S. 30) des Tiroler Künstlers Anton Zauner aus dem Kaunertal.

Schloss Schönbrunn (Eingangstor): Adler auf Obelisk

Hadikgasse / Schlossbrücke: Löwe (um 1780) von Wilhelm Beyer

DIE LÖWEN MIT DER HALSKRAUSE

Die Kennedybrücke, Verkehrsknotenpunkt im Wiental an der Grenze zwischen 13. und 14. Bezirk, ist ein guter Ausgangspunkt. Die in den frühen 1960er-Jahren im Bau befindliche Hietzinger Brücke wurde einen Monat nach der Ermordung des amerikanischen Präsidenten John F. Kennedy am 22. November 1963 in Kennedybrücke umbenannt. Vom Vorgängerbau, der 1900 vollendeten Kaiser-Franz-Josefs-Brücke, übernahm man zwei Granitpylonen samt mächtigem → **Bronzeadler** von Arthur Strasser, der auch die Marc-Anton-Gruppe mit den Löwen bei der Secession schuf. Symbolisieren Adler Macht, erinnern jene beiden Vögel an die Arbeiten der 1898 eröffneten Stadtbahn. Der eine hält eine Spitzhaue in den Krallen, der andere eine Schaufel – ein figuraler Brückenschlag zwischen dem Motto des Kaisers „Viribus unitis" und dem Lied von John Lennon „Working Class Heroe".

An der stadtauswärts führenden Linken Wienzeile bzw. Hadikgasse in Höhe der Schlossbrücke markieren zwei große, liegende, steinerne → **Löwen** (um 1780) den Eingang zum Schloss Schönbrunn. Unter den zahllosen Wiener Löwen sind die zwei Tiere von Wilhelm Beyer – betrachtet man ihre weit herabgezogenen Mundwinkel – die langweiligsten. Sie wirken müde und sichtlich desinteressiert. Beyer schuf sie in den Jahren 1773 bis 1780 zusammen mit den Statuen im Schönbrunner Schlosspark aus Sterzinger Marmor (Südtirol).

Bei der Station Reinlgasse / Märzstraße (Straßenbahnlinie 10) gibt es ein Kinderfreibad. Der *Fisch* (1963) von Andrea Schrittwieser steht im Eck des Freibades, umgeben von einer hohen Hecke, ganz so, als wollte man ihn loswerden. Das ist schade, denn der Fisch, eine Hohlform mit vielen großen Löchern, eignet sich ideal zum Hineinkriechen und Verstecken.

Kennedybrücke: Adler (um 1900) von Arthur Strasser;
Sanatoriumstraße 2 (Klinik Penzing): Löwe (1907)
von unbekanntem Künstler; Müller-Guttenbrunn-
Straße 22–24: Vier Kinder mit Tier (1958/59) von
Eduard Robitschko

Jenullgasse 9–15: Jüngling mit Gans (1931) von Josef Heu

Nach diesem Abstecher, geht es wieder hinunter zur Linzer Straße und hier stadtauswärts weiter bis zur Ameisgasse. Via Ameisbrücke und Karlingergasse kommen wir zur abwärts führenden Jenullgasse 9–15, einem Gemeindebaut der frühen 1930er-Jahre. Hier ist Josef Heus → **Jüngling mit Gans** (1931) ein Blickfang. Das Kunstwerk steht auf einem aufrechten Konglomeratquader.

Jetzt gilt es mit dem 47A die Endstation Baumgartner Höhe anzusteuern. Wir haben das riesige Areal mit den zahlreichen Pavillons erreicht, das unter dem übel beleumundeten Namen „Steinhof" geläufig ist. Westlich anschließend, bei der Endstation des 47A, befand sich das Sanatorium Baumgartner Höhe. Hier ist das einstige Kurhaus (Sanatoriumstraße 2) unser Ziel. Animalischer Blickfang sind zwei große, weiße, aufrecht sitzende, steinerne → **Löwen**, die seit 1907 das Objekt mit dem trapezförmigen Bassin im Vordergrund bewachen. Da es sich um männliche Löwen handelt, haben sie naturgemäß eine Mähne. Deren künstlerische Ausführung zeigt Ähnlichkeiten mit den weißen Halskrausen, die im 16. und frühen 17. Jahrhundert am spanischen Hof in Mode waren.

Bei der Müller-Guttenbrunn-Straße gilt es zwischen den beiden freistehenden Wohnblöcken (Nr. 22 und 24) die Bronzeplastik → **Vier Kinder mit Tier** (1958/59) von Eduard Robitschko (Wotruba-Schüler) zu betrachten. Hier ist die Frage, warum sie nicht „Kinder mit Katze" heißt, durchaus berechtigt.

In den Niederungen des Wientales, in der Hackinger Straße 30–36 (Franz-Glaserer-Hof), treffen wir den *Bockenden Esel mit Reiter* (1966/67) aus Bronze von Elisabeth Turolt. Neben dieser Tierskulptur wollen wir auf die etwas versteckte *Vogeltränke* mit Mosaikboden (hinter Stiege 15, bei Nummer 32A) von Luise Wolf hinweisen, die sich als Skulptur für Tiere erweist.

Letzte Station ist das barocke Schloss Laudon, das seinen Namen Gideon Ernst von Laudon, der es 1776 erwarb, verdankt. Der Militärstratege ließ einen Landschafts- und einen Tiergarten anlegen. Letzterer ist längst verschwunden, lediglich zwei *Eber* aus weißem Kalkstein markieren den einstigen Eingang.

Johnstraße 25–27 (Franz-Kinkor-Hof):
Heulender Wolf (1973/75) von Walter Lackner

DER WOLF IM FICHTENWALD

Für unsere Tour nehmen wir die U3 bis zur Johnstraße, wo sich der Meiselmarkt befindet. Verlässt man die Station Richtung Wasserwelt kommt man zum Kardinal-Rauscher-Platz, der von der monumentalen Rudolfsheimer Pfarrkirche mit ihrem 76 Meter hohen Turm dominiert wird. Für unsere erste tierische Begegnung gilt es ebenfalls den Blick nach oben zu richten. Die Adler-Höhe, so der Name des 1888 vollendeten monumentalen Eckhauses (Kardinal-Rauscher-Platz 7 / Huglgasse 5), hat nicht nur ein kleines Türmchen, sondern – hoch oben – auch einen *schwarzen Adler* (Hauszeichen).

Wählt man indes den Ausgang Sturzgasse, kommen wir linker Hand zur Sturzgasse 29, einem schmucklosen Gemeindebau (1949/50), wären da nicht zwei quadratische Reliefs (aus Kalkstein) über dem Eingang. Christa Vogelmayer schuf die *Kinder und Delphine,* die seit 2006 unter Denkmalschutz stehen.

Die Adresse Sturzgasse 12 ist der Hintereingang des Franz-Kinkor-Hofes (1969/1973) mit dem Haupteingang in der Johnstraße 25–27. Da wie dort sind die Tore versperrt. Zum Glück finden wir auch hier Einlass. Die Skulptur → **Heulender Wolf** des Bildhauers Walter Lackner steht umgeben von vier hohen Fichten beim Eingang in der Johnstraße. Das aufrecht sitzende Tier wurde aus hartem Granit (Typus Maissau) gehauen und steht auf einer viereckigen Betonsäule. Das ist gut so, denn würde das Tier, das etwas kleiner wirkt als seine lebenden Artgenossen, auf dem Boden stehen, würde es kaum zur Geltung kommen. Durch die hohen Fichten entsteht der Eindruck, der heulende Isegrim stünde auf einer kleinen Lichtung in einem Fichtenwald. Auch wenn ein paar Bäume noch keinen Wald machen, ist der erste Eindruck: einsamer Wolf im Fichtenwald.

Die nächste Adresse ist Sturzgasse 8, hier ist ein Seiteneingang jenes Gemeindebaus (1969/1973), dessen Haupteingang sich in der Goldschlagstraße 107 befindet. Doch da wie dort sind die Eingangs-

Hütteldorfer Straße 16–22 (Eberthof): Frühlingsbrunnen (1912) mit Singvögeln von Anton Endstorfer

tore versperrt. Zum Glück dauert es nicht lange, bis eine freundliche Mieterin kommt, die Einlass gewährt. Kaum sind wir im Hof, werden wir auch schon von einem freundlichen Miniflusspferd, dem *Nilpferd* (1973) von Eva Mazzucco, begrüßt. Durch den erhöhten Aufstellungsort in einem Beet mit einem Forsythienstrauch über der Mülltonne tritt einem zwischen Storchschnabel und den großen Blättern eines Riesensteinbrechs *(Bergenia)* die Bronze-

plastik in Augenhöhe entgegen. Keine Angst, auch wenn in der freien Wildbahn Flusspferde durchaus gefährlich werden können, Mazzuccos Hippo ist nur etwas über einen Meter lang, wirkt fried- fertig und fröhlich. Das Tier aus Bronze mit seiner grünen Patina erinnert an einen übergroß geratenen Dackel und geht gerademal als Miniaturausgabe echter Nilpferde, die über drei Tonnen schwer werden können, durch. Übrigens: das erste lebende Flusspferd, das man in Wien bestaunen konnte, hieß Hans, war zweieinhalb Meter lang und kam am 5. Mai 1909 in den Tiergarten Schönbrunn. Zieht man die Größe von Hans und dem Nilpferd von Eva Mazzucco in Betracht, müsste man den Gemeindebauhippo „Hansi" oder „Hänschen" taufen.

Nach Wolfsichtung und Hippobegegnung steuern wir die Wohnsiedlung Schmelz auf den Gründen des einstigen Exerzierplatzes an. Der erste Teil der weitläufigen Anlage, der Mareschbau mit seinen niedrigen Häusern rund um den südlich gelegenen Mareschplatz, wurde 1920 eröffnet und gehört zu den ersten Gemeindebauten des Roten Wien. Das gesuchte Objekt, ein nackter → **Knabe (Puto), der auf einem Fisch reitet,** den Adolf Josef Pohl schuf (ca. 1924), steht auf einer Säule in der Mitte eines Brunnens, den man über den Rohrauerpark und die Gablenzgasse mit Eingang Mareschgasse 30 erreicht. Das Tier mit seinem seitlich stark abgeflachten, hochrückigen Körper gehört wohl zur Familie der *Spatenfische*. Deren größter Vertreter, der Atlantische Spatenfisch, kann bis zu neunzig Zentimeter groß werden.

An der Adresse der Wohnhausanlage Gablenzgasse 41 steht im frei zugänglichen Hof ein *Indischer Elefant mit Jungem* (1953) aus Lindabrunner Konglomerat von Herbert Schwarz. Dem hier ordinierenden praktischen Arzt Dr. Richard Edl diente die über drei Meter hohe Skulptur als Vorlage für das Logo seiner Praxis.

Im Eberthof an der Hütteldorfer Straße 16–22, einem U-förmigen Komplex aus den Jahren 1925 bis 1926, am Rande des so genannten Nibelungenviertels, steht der → **Frühlingsbrunnen.** Anton Endstorfer hatte den Brunnen samt der Skulptur eines nackten Knaben bereits 1912 geschaffen. Auf den ausgebreiteten Armen des Buben haben sich **Singvögel** niedergelassen, in seiner Rechten hält er ein Blumensträußchen.

Gablenzgasse 101–105 (Wohnsiedlung Schmelz):
Knabe, der auf einem Fisch reitet (um 1924) von Adolf Josef Pohl

Thalhaimergasse 32–38 (Dr.-Friedrich-Becke-Hof):
Faultier von Robert Obsieger

DER KERAMISCHE TIERGARTEN IM HOF DES MINERALOGEN

Friedrich Becke wurde am 31. Dezember 1855 in Prag geboren, studierte ab 1874 an der Universität Wien Mineralogie, ging zunächst nach Czernowitz (heute in der Ukraine) und kehrte 1898 als Ordinarius für Mineralogie nach Wien zurück. 1918/19 war er Rektor der Universität Wien. Zusammen mit Ludo Hartmann und Emil Reich gründete er 1901 mit dem Volksheim Wiens erste Volkshochschule (VHS). Nachdem er am 18. Juni 1931 gestorben war, machte man die damals namenlose Wohnhausanlage (1927) in der Thalhaimergasse 32–38 bzw. der Brüsslgasse 33–37 1932 zum Dr.-Friedrich-Becke-Hof. Dort hatte der Künstler Robert Obsieger zahlreiche türkise → **Keramiktiere** an den Innenhoffassaden versammelt. Über den Stiegeneingängen der Hoffassaden positionierte er *Braunbär, Lippenbär* sowie *Faultier, Pavian* und *Schimpanse;* ihnen gegenüber hocken über den Fenstern im Erdgeschoß vorwiegend heimische Tiere: *Katze, Hund, Hase, Eichhörnchen, Fuchs, Hahn, Ente* und *Koala.* Ob Becke, dem als Mineralogen eher kantige und eckige Formen vertraut waren, an dem bunten Tiermix Freude gehabt hätte, wissen wir nicht. Jedenfalls bilden die Stiegenhausfenster geometrische Rautenmuster, was mineralogischen Formen näherkommt.

Gegenüber dem Dr.-Friedrich-Becke-Hof lohnt ein Blick auf die Fassade der Thalhaimergasse 39. Die vier monumentalen *Löwenköpfe* markieren stilistisch einen Übergang vom Historismus zum Jugendstil. In der Brüsslgasse 31, dem Nebenhaus (1912) des Dr.-Friedrich-Becke-Hofes, erblicken wir über den Fenstern Reliefs spielender Kinder, zu denen sich auch ein *Hündchen* gesellt hat.

In jenem Teil Ottakrings, wo die Häuserblöcke nach Schachbrettmuster wie am Reißbrett angelegt wurden, häufen sich Tiere.

Thalhaimergasse 9–15 / Arltgasse 10–16:
Entenbrunnen (1957) von Margarete Bistro-Lausch

Panikengasse 12–16
(August-Scholz-Hof):
Elefant (1973) von
Gertrude Fronius

Liebknechtgasse /
Rosa-Luxemburg-Gasse
(Sandleitenhof): Knabe
mit Hündchen (um 1928)
von (?) Josef Riedl

Das nächste Ziel, der → **Entenbrunnen**, ist nahe. Die Zugänge zur Wohnhausanlage (Thalhaimergasse 9–15 oder Arltgasse 10–14) sind versperrt, doch mit etwas Glück kommen wir hinein. Beim Eingang in der Thalhaimergasse fällt das bunte Mosaik *Vögel* (1955) von Rudolf Reinkenhof auf. Der sehenswerte *Entenbrunnen* (1957) von Margarete Bistro-Lausch besteht aus fünf grünen Tieren (Kunststein), die sich um zwei flache Wasserbecken scharen, die als Vogeltränke dienen.

In dem Grätzel ist der Besuch eines Elefanten höchst empfehlenswert. Besagter → **Elefant** ist schnell beschrieben: Er besteht aus Beton, hat die Größe eines kleinen Babyelefanten und einige Metallbügel als Steighilfen am Rüssel. Als ihn die Bildhauerin Gertrude Fronius 1973 schuf, gab es hier keine roten Gummimatten auf dem Boden, die Stürze harmloser erscheinen lassen. Auch der knallrote Minischaukelelefant neben ihm auf der blauen Stahlfeder (Kategorie: Zertifizierte kindersichere Massenware) war noch nicht erfunden. Die große Herausforderung ist auch hier der Zutritt. Der kleine Betondumbo samt seinem noch kleineren knallroten Minischaukelelefantenbruder befindet sich in einem großen Innenhof mit Zugängen via August-Scholz-Hof (Panikengasse 12–16), Koppstraße 61 oder Ganglbauergasse 7 bzw. 9–13.

Die Adresse Hasnerstraße 111–115, ein denkmalgeschützter Bau aus den Jahren 1931/32, hat drei Eingänge mit Reliefplastiken aus Kalkstein. Über Nummer 111 ist es ein nackter Bub mit drei *Ferkeln,* über Nummer 113 ein Mädchen mit einem *Rehkitz* und über 115 ein Junge mit zwei *Gänsen* oder sind es große *Enten?*

Nun zum Sandleitenhof (1924–1928), der größten Wohnanlage des Roten Wien mit 1587 Wohnungen. Am Eckhaus Liebknechtgasse / Rosa-Luxemburg-Gasse entdecken wir auf einer Konsole den → **Knaben mit Hündchen**, das einen neugierigen Blick nach vorne in die Rosa-Luxemburg-Gasse wagt. Als Bildhauer kommt wohl Josef Riedl infrage. Er schuf auch im Kindergarten (kein öffentlicher Zutritt) des Sandleitenhofs (Rosenackerstraße 5) die Bronzeskulptur → **Zicklein** (1929). Für Außenstehende gibt es als Trost einen Ziegenblick von der Gomperzgasse aus. Idealerwei-

Rosenackerstraße 5 (Sandleitenhof): Zicklein (1929)
im Kindergarten von Josef Riedl;
Pönningerweg 10: Franziskusdenkmal (1932) von Karl Philipp

se von einem kleinen, halbkreisförmigen Platz neben der Kirche (hl. Josef) gegenüber der einstigen Wäscherei des Sandleitenhofes.

Wer das → **Franziskusdenkmal** (1932) in der Siedlung Starchant besucht, wählt den Bus 46B (Richtung Wilhelminenberg, Haltestelle Pönningerweg). Ein paar Schritte neben der Kirche (hl. Theresia vom Kinde Jesu) sitzt im Vorgarten von Haus Nummer 10 Franz von Assisi, Patron der Tiere. Der Bildhauer Karl Philipp versammelte um die Bronzeskulptur eine illustre Vogelschar. Gerhard Spitzer, Zoologe der Universität Wien, bestimmte *Spatzen* (rechte Schulter und linker Unterarm), eine *Meise* (halbe Sockelhöhe), ferner *Fasanhahn*, *Waldkautz*, *Specht*, *Buchfink* und zwei *Tauben* (zu seinem linken Fuß) sowie *Graureiher*, *Rabenkrähe* und *Kuckuck* (zu seinem rechten Fuß).

Zu guter Letzt noch ein Besuch im „Sittl". Das Weinhaus Sittl am Gürtel Ecke Neulerchenfelder Straße ist als „Gasthaus zum goldenen Pelikan" seit 1740 bekannt. Der namensgebende *Pelikan* fällt in die Kategorie „Best of Hauszeichen".

DIE GROSSEN TIERE VON HERNALS

Ein Straßenbahnfahrschein ersetzt im 17. Bezirk die Zookarte. Der 43er und ein paar kleine Abstecher führen zu tierischen Begegnungen. Der erste Halt im „steinernen Zoo" (Copyright: Irene Nierhaus) ist eine Begegnung mit *Ursus maritimus*, dem Herrscher der Arktis. Für die steinerne Skulptur → **Eisbär und Seehund** an der Jörgerstraße 46–48, neben dem Jörgerbad (Haltestelle Palffygasse) saß offenbar eine Eisbärin Modell, das Männchen hätte größer ausfallen müssen. Die 1902 datierte Skulptur von Otto Jarl stellt innerhalb der Tierplastiken einen seltenen Sonderfall der Kategorie Räuber / Beute dar. Die Bärin, der Jarl ein zottiges Fell verpasste, hält mit ihrer rechten Pranke einen Seehund auf dem Boden fest, dessen Ende somit besiegelt ist. Solche martialischen Szenen sind rar, idyllische Tiergruppen überwiegen.

Das nächste Ziel ist der Kindergarten (kein öffentlicher Zutritt) der Stadt Wien in der Rötzergasse 47, wo die Bronzeskulptur → **Kämpfende Hähne** (1963) von Herbert Schwarz neben dem Zaun steht. Würde sich der Kindergarten in südlicheren Ländern, etwa in Spanien, befinden, wäre die Tierskulptur wohl zentral aufgestellt. Dort haben kämpfende Hähne ein großes Publikum und eine lange Tradition.

Zurück zur Hernalser Hauptstraße. Das große Zinshaus auf Nummer 116 im altdeutschen Stil hat viele Details. Man muss schon mehrmals hinsehen, um die zwei → **Mini-Elefanten** zu entdecken, die vorsichtig auf einer Kugel balancieren.

Weiter zum Türkenritthof (1928), einem großen Gemeindebau auf der Hernalser Hauptstraße 190–192 (Haltestelle Hernals). Um seinen Namen zu verstehen, genügt ein Blick auf die große, steinerne Skulpturengruppe von Karl Heinrich Scholz über dem Eingang. Eine Hinweistafel im Durchgang enthüllt Details: „Zur

Jörgerstraße 46–48 (Jörgerbad): Eisbär und Seehund (1902) von Otto Jarl

Rötzergasse 47: Kämpfende Hähne (1963) im Kindergarten
von Herbert Schwarz

Erinnerung an die Befreiung Wiens von der Türkengefahr wurde alljährlich ein humoristischer Festzug veranstaltet, als dessen
Hauptperson ein türkischer Pascha auf einem Esel ritt."

Neben dem *Esel* ist auch ein *Hund* auf dem Hernalser Wahrzeichen zu entdecken. Doch diese Art des Brauchtums, wie auch
dessen Darstellung als Denkmal, ist heute undenkbar.

Ganz ohne historischen Bezug kommt indes Elisabeth Turolt
aus. Ihr stark abstrahierter → **Hirsch** (1957/1964), eine rotbraune
Eisenzementplastik, die Ähnlichkeiten mit einem Kleiderständer
hat, findet sich in der Grünanlage zwischen den sechs Wohnblöcken der Vollbadgasse 5 (Haltestelle Dornbach).

Am steilen Weingarten der Alszeile zur Rechten vorbei, geht's
zur nächsten Haltestelle: Himmelmutterweg. Zwischen Alszeile
116 und 118 sind es ein paar Schritte bergauf und schon erblicken

Hernalser Hauptstraße 116: Zwei Mini-Elefanten (1901/02) von unbekanntem Künstler; Vollbadgasse 5: Hirsch (1957/1964) von Elisabeth Turolt

wir das idyllische Tiermotiv → **Kuh und Kalb** (1964) des Künstlers Alfred Kurz. Kurz, gebürtiger Waldviertler und Wotruba-Schüler, schuf die Kuh mit saugendem Kalb aus Wachauer Marmor.

Bei der Endstation des 43ers ist die Hernalser Welt keineswegs zu Ende. Der Bus 43A fährt weiter zur Höhenstraße. Ein kurzer Stopp bei der Haltestelle Neuwaldegger Straße zeigt uns beim 1953 vollendeten Gemeindebau auf Nummer 19–21 an der Wand einen steinernen *Stier* von Alexander Wahl.

Für einen bunten Abschluss der Hernalser Tiertour geht es weiter zur Höhenstraße – zum Karl-Panek-Hof (Haltestelle Marswiese). Für die Giebelseiten der einzelnen Wohnblöcke (Neuwaldegger Straße 50–54 bzw. Höhenstraße 2–12) schufen das Künstlerehepaar Hans und Eugenie Pippal große Tiermosaike. Zu sehen sind *Vögel*, *Stiere*, *Pferde*, ein *Pfau mit Gänsen* sowie *Fische* und *Hühner*.

ZWISCHEN COTTAGEVILLEN UND GEMEINDEBAUTEN

Beim 2003 enthüllten → **Kosakendenkmal** im Türkenschanzpark (Eingang Feistmantelstraße / Dänenstraße) steht die Allgemeinbildung auf dem Prüfstand. Wussten Sie, wer die Mannen waren, die unter der Führung von König Jan III. Sobieski im Jahre 1683 Wien befreiten? Jedenfalls befanden sich auch sieben Kosakenregimenter und zahlreiche Ukrainer darunter. Und damit sind wir schon beim Denkmal, das die ukrainischen Bildhauer Volodymyr und Oleksiy Chepelyk aus Bronze gegossen haben. Sie schufen eine friedliche Szene mit einem pfeiferauchenden, auf einem Stein sitzenden ukrainische Kosaken, dessen *Pferd* hinter ihm grast.

Das Cottageviertel, dessen Anlage auf den 1872 gegründeten Wiener Cottage Verein zurückgeht, hatte sein Vorbild in englischen Gartenstädten. Protektor der noblen Villen im Grünen war Erzherzog Karl Ludwig, Ihm zu Ehren benannte man 1881 einen Platz, den heutigen Richard-Kralik-Platz. Es handelt sich um einen Kreisverkehr an der Kreuzung der Hasenauer Straße mit der Weimarer Straße. 1954 schuf hier Robert Ullmann aus Lindabrunner Konglomerat die Brunnenskulptur *Kinder mit Schildkröte*. Ein beschreibender Titel könnte etwa lauten: „Zwei liegende Kinder betrachten eine vor ihnen sitzende, wasserspeiende Landschildkröte". Doch so benennt man keine Kunstwerke.

Via Weimarer Straße geht es zur Anastasius Grün Gasse. Bei Nummer 54 steht seit 1962 eine steinerne → **Steinbockgruppe.** Einst befand sich hier die „arisierte" Villa der jüdischen Künstlerin Josefine Winter Wigmar, die 1943 im Ghetto Theresienstadt starb. An diesem Ort entstand in den frühen 1960ern eine Wohnhausanlage mit mehreren Wohnblöcken, umgeben von viel Grün. Franz Barwig dem Jüngeren verdanken wir die vier neugierig schauenden Steinböcke. Bei genauerer Betrachtung zeigt sich, dass

Dänenstraße (Türkenschanzpark): Kosakendenkmal mit grasendem Pferd (2003) von Volodymyr und Oleksiy Chepelyk

Paulinengasse 13: Dogge und Jagdhund (1951) von Heribert Rath

Anastasius-Grün-Gasse 54: Steinbockgruppe (1962) von Franz Barwig dem Jüngeren

die Köpfe der Tiere aufgesetzt sind und nicht aus demselben Steinblock stammen wie deren Körper.

Hier bietet sich ein Abstecher in die parallel verlaufende Colloredogasse an. Auf Höhe der Wohnhausanlage mit den Steinböcken aus den 1960er-Jahren befindet sich die Villa des künstlerischen Multitalents Arik Brauer (Colloredogasse 30). Sechs große Bilder, bunte Tiermotive inklusive, zieren die Fassade der Eingangsseite. Es sind eindrucksvolle Beispiele des Phantastischen Realismus.

Wir bleiben bei der Gruppe der Paarhufer und suchen den Zierbrunnen *Rehkitz mit Mutter* (1931) im Rudolf-Sigmund-Hof an der Adresse Gersthofer Straße 75–77. Die steinerne Skulptur im Innenhof der Anlage stammt von Rudolf Schmidt.

Ähnlich liebliche Motive finden sich ein Stück weiter stadtauswärts in einem Bau mit U-förmigem Grundriss in der Messerschmidtgasse 33–37. Begrenzt wird die Anlage aus den Jahren 1933

Simonygasse 2a (Lindenhof): Zierbrunnen mit Bronzeputto und Fisch
(1925) von Fritz Zerritsch dem Älteren

bis 1934 von der Hockegasse im Norden und der Höhngasse im Süden. Am Durchgang Messerschmidtgasse im Westen sehen wir über der Tür zwei Reliefs. Rechts einen *Knaben mit Katze,* die einen Buckel macht, links über der Tür einen *Knaben mit Hund.* Letzterer macht ebenfalls einen Buckel – so wahrt man Symmetrie!

Um bei Hunden, und zwar wirklich großen Hunden, zu bleiben, ist die Paulinengasse 13 aufzusuchen. Benannt wurde die steil von der Währinger Straße zur Kreuzgasse nach oben führende Verbindung nach der legendären Fürstin Pauline von Metternich. → **Dogge und Jagdhund** (1951) von Heribert Rath wurden aus St. Margarethener Kalksandstein gehauen. Die am oberen Stiegenende aufrecht sitzenden Tiere mustern all jene, die die Paulinengasse entlang oder hier heraufgehen.

Von der Paulinengasse und entlang der Kreuzgasse bis hin zur Simonygasse erstreckt sich der große Lindenhof. Der Name kommt von einer großen Linde (Naturdenkmal), dem letzten Baum des einstigen Czartoryskiparks, der sich hier befand. Der Architekt Karl Ehn, ein Schüler Otto Wagners, integrierte den Baum in die 200 Meter lange Anlage (1924/1925). Ehns Hauptwerk war der Karl-Marx-Hof mit über tausend Metern Länge in Wien-Döbling. Für den Lindenhof schuf Fritz Zerritsch der Ältere einen → **Zierbrunnen mit Bronzeputto** (1925). Uns interessiert weniger der Puto, deren es viele gibt, sondern mehr der *Fisch,* den er im Arm hält. Von der Simonygasse 2a kommend stoßen wir auf den trockenen Brunnen. Offen bleibt die ichthyologische Zuordnung des Fisches – Laien werden hier an einen Karpfen denken. Im Hof ist nicht nur besagte Linde lohnenswert anzuschauen, auch die Fassadenzier über dem oberen Pavillon besteht aus tierischen Kleinoden.

Gegenüber dem Lindenhof, am Pfannenstielhof (Kreuzgasse 87–89), wo der 42er seine Umkehrschleife hat, fällt *Das Leben,* ein Kupferfries (1925) von Angela Stadtherr, auf. Dieses 17 Meter lange Kunstwerk zeigt nicht nur menschliche Figuren, sondern auch zwei *Vögel* und eine *Katze.* Stadtherr, Tochter eines Spenglermeisters, war in der Bildhauerklasse Anton Hanaks.

Bauernfeldgasse 5: Krähender Hahn (1961)
im Kindergarten von Karl Nieschlag

VON HOF ZU HOF ODER VON ARTHUR SCHNITZLER ZU KARL MARX

Am Beginn des noblen Döbling, in der Döblinger Hauptstraße 1, widmete man dem Arzt und Literaten Arthur Schnitzler einen Hof. Der 13-stöckige Wohnturm aus den Jahren 1959/60 steht auf dem Areal des jüdischen Friedhofs von Währing – trotz vorheriger Zusicherung, an dieser Stelle kein Gebäude zu errichten. Vor dem Bau stoßen wir auf den *Reiterbrunnen* (1960) von Franz Fischer. Er schuf drei steinerne *Reiterreliefs,* die dem eigentlichen Brunnen, eine flachen Metallschüssel, als Stützen dienen.

Weiter geht es stadtauswärts entlang der Billrothstraße bis zur Schegargasse 13–15, der offiziellen Adresse des Kopenhagen-Hofes (1956–1959). Im weitläufigen Grünbereich des größten Döblinger Gemeindebaus der Nachkriegszeit finden sich zahlreiche Kunstwerke. Tierischer Höhepunkt sind → **Zwei spielende Bären** (1959) von Josef Bock, der bei Hans Bitterlich und Edmund Hellmer studierte. Für die zwei jungen Bären aus Lindabrunner Konglomerat, die offensichtlich Spaß am Herumtollen haben, treffen die Attribute drollig, herzig und tollpatschig zu. Wer abstrakte Kunst liebt, kommt bei einer großen, freistehenden Plastik aus Beton mit Mosaikdekor von Herbert Schwarz auf seine Rechnung. Er nannte die Form, die an zwei Hula-Hoop-Reifen erinnert, → **Vogelflug.**

Via Schegargasse kommen wir wieder zur Döblinger Hauptstraße und fahren mit dem 37er stadtauswärts bis zur Station Pokornygasse. Im städtischen Kindergarten (kein öffentlicher Zutritt) in der Bauernfeldgasse 5 befindet sich der → **Krähende Hahn** (1961) von Karl Nieschlag. Der Bildhauer begann seine Ausbildung an der Wienerberger Werkstättenschule für Keramik. Der Gockel, eine ziegelrote Terracottafigur, könnte auch „Roter Hahn" heißen. Doch der Begriff „Roter Hahn" steht auch als Metapher für Feuer

Hardtgasse 16–30
(Kopenhagen-Hof): Zwei
spielende Bären (1959) von
Josef Bock; darunter Vogelflug
(1959) von Herbert Schwarz

Huleschgasse 2
(Anton-Proksch-Hof): Fuchs
(1955) von Walter Leitner

Döblinger Bad: Liegender
Löwe von unbekanntem
Künstler

Zwei
spielende
Bären

Josef S...... 18.. – 19..

und da ist „Krähender Hahn" für den Döblinger Kikeriki eindeutig besser.

Mit dem 37er geht es weiter zur Hohen Warte. Es böte sich – sofern das Wetter mitspielt – ein Besuch im Freibereich des Döblinger Bades an. Sofern dort ein Platz frei ist, kann man sein Badetuch neben einem → **Löwen** ausbreiten. Die monumentale Skulptur aus weißem Kalkstein befand sich einst in den Rothschildgärten, ehe sie hier ihr Ausgedinge fand.

Egal, ob die GeoSphere Austria (Hohe Warte 38) gutes oder schlechtes Wetter vorhersagt, wir gehen, davon unbeeindruckt, die Haubenbiegelstraße entlang bis zur Huleschgasse. Hier beginnt die Anlage des Anton-Proksch-Hofs, dessen Höfe sich mit viel Grünraum bis zur Grinzinger Straße erstrecken. Bei der amtlichen Adresse Huleschgasse 2 / Stiege 42 sitzt er dann da, der → **Fuchs** (1955), den wir suchen. Die Skulptur des Meisters Reineke von Walter Leitner besteht aus rotem Kalk, daher böte sich „Rotfuchs" als Bezeichnung an. Doch zwischen dem steinernen Rot von Leitners Fuchs und dem Rot der Rotfüchse liegen ganze Farbwelten.

Wer offenen Auges durch den Anton-Proksch-Hof geht, findet zahlreiche Kunstwerke. Den tierischen Abschlusspunkt bildet ein → **Löwenpaar** am Ende des Neugebauerweges, der als Fortsetzung der Huleschgasse zur Grinzinger Straße führt. Herbert Schwarz, dem wir den *Vogelflug* verdanken, hat am Entrée des Anton-Proksch-Hofs das monumentale Paar platziert. Doch dieses widerspricht der traditionellen Aufstellung von Löwen, die bei Eingängen Wache halten und Respekt und Achtung vermitteln sollen. Schwarz schuf zwei Tiere aus weißem Kalkstein, die nicht nach vorne blicken. Sie schauen, den Rücken einander zugekehrt, auf die entgegengesetzte Seite, ganz so aus, als wollten sie den Zutritt verwehren.

Am oberen Ende der Grinzinger Straße, bei der Einmündung zur Grinzinger Allee, steht eine steinerne → **Reliefsäule**, geschmückt und verziert mit Blättern, *Eidechsen* und Weinlaub von Leopold Hohl (1960). Die Motive nehmen Bezug auf die Natur Grinzings als Weinbauort.

Neugebauerweg / Grinzinger Straße (Anton-Proksch-Hof):
Löwenpaar (1954) von Herbert Schwarz

Nicht weit davon entfernt besuchen wir den *Affenbrunnen* von Hubert Wilfan, einem Schüler Fritz Wotrubas. Wilfan war zeitlebens Döblinger und wohnte in der Sieveringer Straße und später in der Paradisgasse. Sein Atelier hatte er auf der Hohen Warte, seine letzte Ruhestätte fand er auf dem Grinzinger Friedhof. Der → **Affenbrunnen** (1954) im Julius-Deutsch-Hof an der noblen Adresse Grinzinger Allee 54 oder Huschkagasse 1 war sein erster öffentlicher Auftrag. Neben drei Affengruppen schuf er auch eine große Schildkröte, für die wohl eine *Galapogos-Riesenschildkröte* Vorbild war. Die Affen, junge und erwachsen Tiere, stellte er spielend, aber auch sitzend mit nachdenklicher Miene dar. Modell dürften wohl *Schimpansen* gewesen sein. Da Schimpansen ihre Heimat im mittleren Afrika haben, passen sie tiergeografisch nicht zusammen. Doch wen kümmert's?

Grinzinger Allee 54
(Julius-Deutsch-Hof):
Affenbrunnen (1954)
von Hubert Wilfan

Paradisgasse 65a:
Schwarze Katze (1960)
von Hans Knesl

Grinzinger Straße /
Grinzinger Allee:
Reliefsäule (1960)
von Leopold Hohl
mit Eidechse

Börnergasse 15: Vier Pinguine (1960) von Walter Auer

An den langen Lüssen bergauf Richtung Grinzinger Friedhof biegen wir bei der Wenckebachgasse links ab. Vor Haus Nummer 11 liegt ein *Bison* (1963) aus der Werkstatt von Hubert Fiala aus Lindabrunner Konglomerat. Hier wundert man sich über die Proportionen. Das wahrlich mächtige Tier ist für den Vorgarten zwischen den Häuserzeilen der 1960er-Jahre viel zu groß – maximal drei Gartenzwerge würden die Proportionen besser wahren. Doch wir geben dem Bison dennoch den Vorzug.

Am westlichen Ende der Paradisgasse, die hier in die Daringergasse mündet, steht ein *Stier* (1960), er stammt von Georg Ehrlich und ist aus Bronze. Im Gegensatz zum Bison hat der lebensgroße Stier genug Freiraum und kommt so viel besser zur Geltung als der eingezwängte Gigant der Prärie. Nur einen Steinwurf entfernt – in der Paradisgasse 65a – platzierte Hans Knesl, ein Schüler Hans Bitterlichs, eine schwarze → **Katze** (1960) aus Kunststein. Dahinter befindet sich ein *Wandmosaik* (1959) mit *Eule, Wildschweinen,* einem *Hirschpaar* sowie *Eichkätzchen, Füchsen* und *Marder* von Elfriede Jarosch-Laudenbach.

Um beim Wein zu bleiben, geht es mit dem Bus 39B vom Weinort Grinzing in den Weinort Sievering und zur *Gans Lilli* – einem Kunstwerk mit besonderer Geschichte. Das Objekt mit der Adresse Sieveringer Straße 116 ist künstlerisch nicht sehr spektakulär: Der Bronzevogel sitzt auf einem Podest aus grauen Granitsteinen, in das eine Straßenbahnschiene eingelassen ist. Auffallend daran ist, dass die bronzene Lilli *auf* dem Gleis sitzt. Warum, ist schnell erklärt. Es war im Jahr 1970, als hier noch die Straßenbahnlinie 39 fuhr. Auf den Gleisen der Umkehrschleife hatte sich immer wieder eine „Lilli" genannte Gans niedergelassen, der Straßenbahnfahrer musste sie jedes Mal weggetragen, damit er seine finale Runde drehen konnte. „Als Symbol der Gemütlichkeit und der dörflichen Ruhe soll dieses Denkmal gelten, damit auch in Zukunft diese Werte in Sievering in Erinnerung bleiben", so der Infotext auf einer Tafel.

Von der Gans Lilli mit dem Bus 39B zur Börnergasse. Im Vorgarten der Wohnbauten aus den Jahren 1963 und 1964 an der Adresse Börnergasse 15 werden wir fündig. Bei der 7er- und 8er-Stiege, um bei der Diktion der Gemeindebauten zu bleiben, stehen → **Vier Pinguine** (1960). Walter Auer führte sie ziemlich realistisch aus, wenn auch in Übergröße. Er goss sie aus Kunststein, färbte sie schwarzweiß an, wie man es eben von Pinguinen gewohnt ist, sodass man zunächst meinen könnte, sie seien „echt".

Von der antarktischen Fauna zum heimischen Reh in den Hugo-Wolf-Park, dem vormaligen Hartäckerpark an der Krottenbachstraße. Laien erkennen in der Bronzeskulptur (1930) einen jungen → **Rehbock,** zu dem sich ein Mädchen liebevoll hinunterbeugt. Der Künstler, Franz Waldmüller, ist ein Enkel des berühmten Biedermeiermalers. Für die Skulptur diente ihm das Märchen „Brüderlein und Schwesterlein" der Gebrüder Grimm als Vorbild.

Parallel zur Krottenbachstraße verläuft die Hutweidengasse. Die Steinskulptur *Schäfer* (1954) von Karl Nieschlag an der Ecke

Billrothstraße 78 (Rudolfinerhaus): Sommernachtstraum (Frauenakt und schlafender Panther) von Josef Müllner

Heiligenstädter Straße 145: Rinder (1957) von Fritz Dobrowa;
Hugo-Wolf-Park: Mädchen mit Rehbock (1930) von Franz Waldmüller

Hutweidengasse 19 / Flotowgasse 3 nimmt mit dem Flöte spielenden Schäfer samt *Schafen* zu seiner Rechten und einer *Ziege* zu
seiner Linken Bezug auf die einst hier befindlichen Weiden. Auch
die Straßenbezeichnung Hutweidengasse erinnert daran. Kein
Wunder, dass sich nur zwei Häuserblöcke weiter, am Hauseck Obkirchergasse / Hutweidengasse, abermals das bukolische Thema
findet, diesmal als riesiges Steinrelief. Auch Franz Barwig des Jüngeren *Schafhirte* spielt Flöte, ganz so, als wollte er seine Tiere un-
terhalten. Das Material, ein gelblicher Kalkstein, kommt aus dem
berühmten Steinbruch St. Margarethen im Burgenland.

Die Obkirchergasse mündet in die Billrothstraße, wo sich das
Rudolfinerhaus (Nr. 78; Anmeldung beim Empfang), eine der no-
belsten Privatkliniken Wiens, befindet. Im Garten des Spitals, das
1882 mit Theodor Billroth als Vorstand für die Ausbildung von
Krankenpflegerinnen gegründet wurde, steht auf einem Marmorsockel der → **Sommernachtstraum,** ein kniend-sitzender Frauenakt, auf dessen Schoß ein schlafender *Panther* ruht. Diese Bronzeplastik (Kopie) kam als Geschenk an das Rudolfinerhaus. Das Ori-
ginal (ca. 1913) schuf Josef Müllner, von dem auch das heute heiß
diskutierte Lueger-Denkmal (1926) in der Inneren Stadt stammt.

Der Bus 10A bringt uns zum Bahnhof Heiligenstadt und damit zum Karl-Marx-Hof, dem längsten zusammenhängenden
Wohnbau der Welt. Mehrere Straßen, darunter auch die Halteraugasse, queren den Komplex. Via Halteraugasse 8, die Adresse
des städtischen Kindergartens (kein öffentlicher Zutritt), kommt
man zu zwei großen, dunkelbraunen→ **Keramikvasen** (1930). Sie
schmücken die Kindergartenmauer und sind wahre Schmuck-
stücke mit reicher zoologischer Zier. Die tierische Vielfalt von Josef
Franz Riedl, von dem auch bei den drei Durchgängen des Karl-
Marx-Hofes die großen Keramikskulpturen *Aufklärung, Befreiung*
und *Kinderfürsorge* stammen, könnte diverser kaum sein. Die Kindergartenkinder freuen sich über *Krokodile,* die ihr Mäuler noch
weiter als im Kasperltheater aufreißen, einen *Hasen, Mäuse,* ein
Nashorn, eine *Raupe, Katzen* und können – bei längerer Betrachtung – noch einige weitere Tiere entdecken.

Halteraugasse 8 (Karl-Marx-Hof): Keramikvasen (1930) im Kindergarten von Josef Franz Riedl

Auf der gegenüberliegenden Seite der Heiligenstädter Straße besuchen wir noch zwei Tiergruppen aus der Mitte der 1950er-Jahre. Die Skulptur *Pferde* von Hubert Wilfan steht bei Nummer 141. Die beiden abstrakten Rösser mit kantigen Konturen aus Lindabrunner Konglomerat sind zur Straße hin gewandt. Die → **Rinder** von Fritz Dobrowa auf Höhe der Heiligenstädter Straße 145 blicken stadteinwärts. Die aus dem gelblichen St. Margarethener Kalkstein geschaffene Skulptur wurde aus zwei Blöcken gehauen.

Nach dem kleinen geologischen Exkurs jetzt noch zu einem alten Kinderspiel. In der Cottagegasse 65, vom Bahnhof Heiligenstadt mit dem 10A zu erreichen (Haltestelle Blaasstraße), hat Ilse Pompe-Niederführ für das Spiel *Vater, Vater, leih' mir d' Scher* fünf Betonsäulen aufgestellt. Die Schülerin von Anton Hanak und Hans Bitterlich hat die Stelen mit bunten Mosaiken verkleidet und oben ein Tier draufgesetzt. Wir erkennen einen *Auerhahn*, eine *Eule*, ein *Eichkätzchen*, einen *Specht* und zwei junge *Piepmätze* im Nest. Wem das Kinderspiel unter dem Namen nichts sagt, kennt es möglicherweise als „Schneider, Schneider, leih' mir d' Scher".

Nussdorfer Wehr / Schemerlbrücke: Löwe (1898) von Rudolf Weyr

„EIN NEUES WAHRZEICHEN WIENS"

So titelten die *Wiener Bilder* am 3. April 1898 anlässlich der Fertigstellung der Nussdorfer Wehr. Doch weniger der Wehr als vielmehr den beiden bronzenen Königen der Tiere galt die Ehre. „Weyr schuf zwei Löwen, die in Kampfesstellung auf hohem Piedestal in die Lüfte ragen, und das erste der beiden Wahrzeichen prangt bereits an seinem Bestimmungsorte in Nußdorf, wo es eine markante Vedute bildet, die sich vom Hintergründe, dem Leopoldsberg, malerisch abhebt. In der nächsten Zeit soll am linken Ufer der zweite Löwe ausgestellt werden, womit Wien ein neues, bedeutsames Wahrzeichen gewinnt, das die Krönung eines großen und für die Kaiserstadt wichtigen Werkes bildet."

Auffallend sind die beiden nahezu horizontal ausgestreckten Schwänze der → **Löwen**. Tiere in ähnlicher Pose sehen wir auch im dritten Bezirk Ecke Rudolf-von-Alt-Platz / Löwengasse. Welche Löwen zuerst da waren, die aus Stein im dritten oder die aus Bronze im zwanzigsten Bezirk von Rudolf von Weyr, wäre noch zu klären. Weyr verdanken wir unter anderem den Wandbrunnen *Macht zur See* (1895) am Michaelerplatz (siehe S. 34). Für die *Wiener Bilder* war er „Wiens bester Künstler".

Als man sich in Wien über die beiden Löwen freute, waren die Tiere allerdings noch in der Leopoldstadt. Die Brigittenau, ursprünglich ein Teil des zweiten Bezirks, wurde nach Besprechungen zwischen Bürgermeister Karl Lueger und Gemeinderat Lorenz Müller am 24. März 1900 als nördlicher Teil der Leopoldstadt abgetrennt. Besagte Besprechungen fanden im heute nicht mehr existierenden Gasthaus Ockermüller beim Hannover Markt statt. Lediglich ein Gedenkstein erinnert an das einstige Lokal. In unmittelbarer Nähe, in der Johann-Böhm-Wohnhausanlage, gibt es zwei bärige Kunstwerke.

Gerhardusgasse / Brigittaplatz 1–2 (Johanna-Böhm-Wohnhausanlage):
Bär mit Jungem (1962) von Mathias Hietz

Brigittaplatz 10 (Bezirksamt): Eichkätzchen von unbekanntem Künstler;
Friedrich-Engels-Platz 11 / Wehlistraße 26 (Engelshof): Katzen von unbekanntem Künstler

Mathias Hietz meiselte aus Lindabrunner Konglomerat die Skulptur → **Bär mit Jungem** (1962). Zu Lindabrunn hatte Hietz ein besonderes Naheverhältnis. Von 1967 bis 1997 hielt er im Steinbruch Jahr für Jahr internationale Bildhauersymposien ab. Der Bär, von dem wohl anzunehmen ist, dass es sich um eine Bärin handelt, liegt am Rücken und liebkost das Junge, das sich an die Mutter schmiegt. Würde man einen Bärenvater suchen, böte sich der *Sitzende Eisbär* (1961) von Gertrude Fronius an. Das Tier aus weißem Kalkstein ist nur einen Steinwurf entfernt und sitzt in der Wiese am Rand der Jägerstraße. Der Eisbär blickt starr nach vorne Richtung Brigittaplatz und fällt durch den extrem langen, weit gestreckten Hals auf, ganz so, als wäre er kurzsichtig.

Hier, im Zentrum der Brigittenau, befindet sich nicht nur die Brigittakirche, sondern auch das gegenüberliegende Magistratische Bezirksamt. Lohnend anzusehen sind die beiden Seiteneingänge, hier sitzen je zwei steinerne → **Eichkätzchen** – ein netter Blickfang.

Weiter zum zweiten Zentrum der Brigittenau, zum Friedrich-Engels-Platz. Hier dominiert im Westen die riesige, 1933 eröffnete Wohnhausanlage des Otto-Wagner-Schülers Rudolf Perco. Die Anlage am Friedrich-Engels-Platz ist nach dem Sandleitenhof in Ottakring der zweitgrößte Wohnbau des Roten Wien. Auffallend am monumentalen Eingang (Friedrich-Engels-Platz) sind die Bronzereliefs zu beiden Seiten mit Fischen und Jagdtieren *(Hirsch, Rehe, Fuchs, Hase, Gänse, Wildschwein mit Frischlingen)* vor einem grünlichblauen Keramikhintergrund (1953). Sie stammen von dem in Ferrara (Italien) geborenen Bildhauer Mario Petrucci. Eine Tafel enthüllt Details: „Bis in die Zeit der Donauregulierung 1869–1884 befanden sich hier wilde Donauauen. Wald und Wasser. Ideales Gebiet für Jagd und Fischerei. In den Jahren 1930–1933 baute die Stadt Wien den Engelshof. Er trägt diesen Namen nach Friedrich Engels, dem erfolgreichen Schriftsteller der Arbeiterführer."

An der Rückseite besagten Hofes (Friedrich-Engels-Platz 11 / Wehlistraße 26), ganz in der Nähe der *Gregor-Mendel-Gedenkanlage* von Petrucci (enthüllt am 22. Juni 1956), gibt es auf einem langgezogenen Sockel aus Gneisplatten die Bronzeplastik *Fische.* Die Darstellung, ein aquatisches Familienidyll, spiegelt vollste Harmonie wider. Vorne zwei Fische (Vater und Mutter) in trauter Zweisamkeit und wasserspeiend, gefolgt von nach hinten immer kleiner werden Fischkindern, insgesamt fünf an der Zahl. Ergänzt wird die Skulptur der Fische von einer mit Katzen. Nicht minder idyllisch nimmt sich der aufrecht sitzende → **Kater** aus. Er bewacht seine Familie, die hinter ihm liegende *Katze mit drei Kätzchen,* die von ihr gesäugt werden.

Doch damit ist in Sachen Tier am Friedrich-Engels-Platz noch lange nicht Schluss. Ein bunter Blickfang sind die weithin sichtbaren vier *Tropischen Schmetterlinge auf Blattform* (1962) aus glasiertem Glas von Hannes Neubauer, die 1969 an der weißen Fassade am Friedrich-Engels-Platz 21 / Ecke Vorgartenstraße ihren Platz fanden.

Zwei Destinationen seien vom Friedrich-Engels-Platz ausgehend noch angeführt. Zunächst geht es in die Forsthausgasse. Hier stoßen wir auf die oktogonale Brigittakapelle, dem einzigen barocken Bauwerk der Brigittenau. Bei der Adresse Forsthausgasse 22 steht der gar nicht barocke *Gute Hirte.* Die Kunststeinfigur ist datiert mit „um 1960". Der steinerne Mann trägt ein *Lämmchen* auf seiner Schulter, ein zweites *Schaf* schaut zu seiner Rechten neugierig hervor. Da er zur Filialkirche St. Johann Kapistran gehört, ist der Figur eine gewisse Heiligkeit nicht abzusprechen.

Ein zweiter Abstecher bietet sich in die Engerthstraße an. Über dem Eingang von Nummer 41 zeigt ein Supraportenrelief steinerne Jagdmotive mit einem *Hirsch,* einem *Reh* und einem Fischer. Damit knüpft das Relief an jene Zeiten an, als hier die Donau noch unreguliert mäandrierte. Bei Nummer 60–74, dem Otto-Gratzl-Hof, sehen wir das bunte Mosaik *Fische, Boje, Vögel* (1955) von Franz Elsner. Zuletzt seien noch die höchst sehenswerten Tiermosaike in der Dresdner Straße 48–54 erwähnt. Lois Pregartbauer schuf die drei Mosaikfriese *Tiere im Donauraum* und spielt mit den bunten *Igeln, Katzen* und *Vögeln* abermals auf die einst hier unberührte Natur an.

Wasserpark: Storchenpaar (1958) von Anton Endsdorfer

DIE TIERVIELFALT DER FLORIDSDORFER DÖRFER

Bären, Löwen oder **Störche** bieten in Floridsdorf allerlei animalischen Zeitvertreib. Ein Pläuschchen mit dem **Elch**, ein Selfie mit dem **Wasserbüffel** stehen ebenso auf der Agenda wie die Frage, wie viele **Fische** in den Schnabel des **Pelikans** passen. Wer will, kann auf einen **Elefanten** steigen, auf einem **Frosch** das Bockspringen üben oder sich auf einer **Schildkröte** ausruhen. Berührungsängste muss man nicht haben, kindliche Neugier wäre ratsam.

Auf zum Wasserpark, einem Donaualtarm, der nach der Regulierung der Donau im Jahr 1875 zur Alten Donau wurde. Hier wartet ein → **Storchenpaar** (1958). Ob die beiden Vögel aus Bronze ein Paar, also einen männlichen und einen weiblichen Vogel darstellen, ist nicht gesichert. Dem klassischen Klischee traditioneller Rollenbilder folgend, wäre das linke, nach oben blickende Tier das Männchen, das rechte, mit gesenktem Kopf und Schnabel nach Futter suchende das Weibchen. Aber es kann auch ganz anders sein. Der Künstler Anton Endsdorfer lässt jede Interpretation offen.

Handelt es sich bei den beiden Vögeln eindeutig um Kunstwerke, so gehören die Tiere auf der Spielwiese zur Kategorie Spielplastik. Wir sichten einen **Kunststeinfrosch**, der auf der Mariahilfer Straße Zwillingsbrüder haben dürfte, ferner einen **Bären** (Typus sitzender Teddy) und einen sitzenden **Vogel**, dessen Physiognomie an die Horusfalken der alten Ägypter erinnert. Eine weiße **Schildkröte** vervollständigt das steinerne Tierquartett. Beim dunkeltürkisen Kunststoffdrachen, der scheinbar im Boden verschwindet und dann wieder auftaucht, fragen wir uns: Wie lange wird das Plastik der Witterung trotzen?

Wir bleiben in den Flussniederungen und treffen in der Wohnhausanlage Mühlschüttelgasse 15 / Morelligasse 1–3 (späte 1960er-Jahre) einen Knaben, der einen Esel trägt (1970/71). Bezeichnet wird die Bronzeplastik von Eduard Robitschko, einem Schüler Fritz Wotrubas, mit → **Tierliebe** bzw. auch als „Knabe mit Esel". Die Namenswahl ist gut getroffen: Der aufrecht stehende Bub hält einen kleinen Esel, der seine Beine steif von sich streckt, als wären sie aus Holz, eng an sich geschmiegt. Dieses Kunstwerk zeigt Ähnlichkeiten mit einer anderen Skulptur des Künstlers. Die Figuren der *Vier Kinder mit Tier* in Penzing (siehe S. 165) und der Knabe haben mit ihren runden Köpfen, den abstrahierten Gesichtszügen samt kantiger Nase offensichtlich denselben Schöpfer. Auch die fürsorgliche Art, das jeweilige Tier zu halten, ist da wie dort ident.

Drei Gassen weiter Richtung Osten, in der Fultonstraße 5–11, einem Bau der frühen 1930er-Jahre, erwarten uns vor dem Kindergarten → **Zwei spielende Bären** aus weißem Kalkstein von Alfred Hofmann. Die beiden Tiere haben mit einem Ball sichtlich Spaß und lassen sich nicht stören.

Die Fultonstraße findet Richtung Norden in der Bessemerstraße ihre Fortsetzung. Hofseitig des langgestreckten Baues der 1950er-Jahre mit der Adresse Bessemerstraße 10–16, gegenüber dem Satzingerweg 4, befindet sich in der Wiese die Kalksteinskulptur *Sitzender Knabe mit Tier* (1959) von Eduard Robitschko. Nach genauerer Betrachtung wäre die Figur aus weißem Kalkstein besser beschrieben mit „Auf dem Boden sitzender, sich mit den Händen hinten aufstützender Knabe mit nach vorne blickendem Lamm, dessen Ohren abgebrochen wurden".

Von den Niederungen der oberen Alten Donau zurück Richtung Floridsdorf ist die nächste Adresse der Dag-Hammarskjöld-Hof (An der oberen Alten Donau 3–13 / Matthäus-Jiszda-Straße) aus den späten 1950er-Jahren. Der Schwede Dag Hammarskjöld war nicht nur UN-Generalsekretär, sondern auch Friedensnobelpreisträger (1961). Neben einigen sehenswerten Mosaiken, wie *Der Abend* von Wolfgang Hutter, oder *Mittag* von Anton Lehmden bzw. *Morgen* von Albert Paris Gütersloh, wenden wir uns den → **Drei**

Mühlschüttelgasse 15 / Morelligasse 1–3:
Tierliebe („Knabe mit Esel") (1970/71) von Eduard Robitschko

Fultonstraße 5–11: Zwei spielende Bären (um 1930) im Kindergarten von Alfred Hofmann

Floridsdorfer Hauptstraße 6–8 / Matthäus-Jiszda-Straße
(Dag-Hammarskjöld-Hof): Elefant (1959) von Rudolf Kedl;
Am Spitz 13 (Sild-Haus): Löwe (1908) von unbekanntem Künstler;
Matthäus-Jiszda-Straße 3 (Dag-Hammarskjöld-Hof): Drei Bären (1958) von
Eduard Robitschko

Bären (1958) von Eduard Robitschko nördlich der Matthäus-Jiszda-Straße 3 zu. Robitschko schuf aus drei verschiedenfarbigen Steinen im Kreis gehende, halbwüchsige Bären. Von der Größe ideal als Reittiere für Kinder passend. Wahrscheinlich würden Bären und Kinder eine Wiese bevorzugen, doch da die Tiere aus Stein sind, können sie uns keine Antwort geben. Südlich der Matthäus-Jiszda-Straße treffen wir gleich hinter dem Wartehäuschen der Straßenbahnlinie 31 den → **Elefanten** (1959) von Rudolf Kedl, eine der typischen Spielplastiken aus Beton, wie sie in der Nachkriegszeit auf zahlreichen Spielplätzen zu finden waren. Die damaligen Tiere sind durchwegs Einzelstücke mit hohem künstlerischem Wert. Der Floridsdorfer Elefant Kedls hat große Metallringe in den Ohren, die als Haltegriffe gedacht sind, aber auch als überdimensionale Ohrringe interpretiert werden können. Lässt man seine Fantasie spielen, finden wir mit bunten Fußnägeln und einer gelben Rüsselspitze (= Oberlippe) Hinweise, die für ein eitles Elefantenweibchen sprechen könnten. Ob das die Kinder der 1950er- oder 1960er-Jahre auch so sahen? Heute ist der renovierte Elefant von einem Gitter umgeben und so vor spielenden Kindern („Betreten verboten") geschützt; das war sicher nicht Kedls Intention.

Vom Floridsdorfer Spitz

Gehen wir davon aus, dass ein Afrikanischer Elefant Kedl als Vorbild diente, bleiben wir tiergeografisch auf dem schwarzen Kontinent. Lokalgeografisch suchen wir den „Spitz" auf. Jene Straßenbezeichnung (Am Spitz) beim Floridsdorfer Bezirksamt markiert den Ort, wo Prager- und Brünner Straße stadtauswärts streben, oder – anders betrachtet – zusammenlaufen. An der Adresse Am Spitz 13 (auf der Seite der Prager Straßen) treffen wir den König der Tiere, einen stolzen → **Löwen**, er schmückt samt Palmen das schönbrunnergelbe Sild-Haus in der Nähe des Floridsdorfer Bezirksamtes. Wir stehen vor dem schönsten Jugendstilhaus (1908) Transdanubiens, gebaut vom Architekten Friedrich Dietz von Weidenberg. Der Bauherr und Besitzer, Conrad Sild, betrieb hier ein

„Grosshandlungshaus" sowie die „Erste Floridsdorfer elektrische Patentkaffee-Grossrösterei". Als Importeur von „Kaffee, Thee, Reis und Gewürzen" wollte er mit zwei Weltkugeln auf dem Dach und den *Löwen* an der Fassade die weltweite Bedeutung seiner Firma unterstreichen; was ihm auch nachhaltig und auf hohem ästhetischen Niveau gelang.

Erster Stopp an der Prager Straße ist die Wohnhausanlage Voltagasse 55–63 aus den 1950er-Jahren, einer Seitengasse der Prager Straße. Im Hof treffen wir die Natursteinplastik *Mädchen auf einer Schildkröte* (1954) von Oskar Bottoli. Eigentlich sollte man den Titel des Kunstwerks erweitern, sprich präzisieren: „Ein sitzendes Mädchen mit Zöpfen auf einer neugierig blickenden Galapagos-Schildkröte" wäre unser Vorschlag. Bottoli hatte von 1945 bis 1953 bei Fritz Wotruba studiert und wird mit der nach ihm benannten Bottoligasse in Wien-Floridsdorf geehrt.

Zweiter Stopp ist der weitläufige Franz-Jonas-Hof (Prager Straße 93–99) der durch die Anton-Bosch-Gasse im Norden und die Anton-Dengler-Gasse im Südosten begrenzt wird. Von den hier befindlichen Kunstwerken ist der → **Pelikan** (1958) von Alois Heidel im Hof hinter dem Eingang vom Anton-Anderer-Platz unser Ziel. Heidel, der auch die einst heftig kritisierte *Ziege* in Wien-Leopoldstadt (siehe S. 61) schuf, stellte mit seinen Figuren „Antipoden zu widerspruchsfreien und niedlichen Tierbildern dar" (wienerwohnen.at). Wie wahr, wenn man Kopf und Körper des plumpen Heidel'schen Bronzepelikans betrachtet. Hier vermissen wir die ästhetisch ansprechenden Formen und Proportionen der Vögel.

Über Jedlesee ...

Entlang der Anton-Bosch-Gasse gelangt man zur Überfuhrstraße nach Jedlesee. Zur Rechten befindet sich der weitgehend naturbelassene Jedleseer Aupark mit dem O'Brien-Denkmal (gegenüber der Einmündung der Kerpengasse). Das 1909 enthüllte Denkmal erinnert an die Franzosenkriege von 1809, als hier in der Schwarzen Lackenau (auch Schwarzlackenau) Johann Freiherr

Prager Straße
93–99 (Franz-
Jonas-Hof):
Pelikan (1958)
von Alois Heidel

Tomaschek-
straße 44: Katzen-
familie (1969) von
Maria Biljan-Bilger

von O'Brien das Gebiet wacker gegen die anstürmenden Soldaten Napoleons verteidigte. Weniger der Generalmajor als der *Adler* auf dem Granitobelisken weckt unser Interesse. Der böse dreinblickende bronzene Adler mit gespreiztem Gefieder sieht aus, als wollte er wegfliegen – oder ist er eben gelandet? Wahrscheinlich wüsste es der 1937 verstorbene Schöpfer des Denkmals, A. Weinguni.

Nicht in Jedlesee, sondern in Stammersdorf treffen wir auf ein nahezu altersgleiches, vergleichbares Kunstwerk. Die *Kaiser-Franz-Joseph-Jubiläumssäule* auf dem Freiheitsplatz wurde anlässlich des sechzigjährigen Krönungsjubiläums des Monarchen im Jahr 1908 errichtet. Bekrönt wird die Kunststeinsäule von einem sitzenden *Kunststeinadler* mit gespreizten Flügeln.

Nicht weit entfernt von der Schwarzlackenau, ein Stück weiter Richtung Norden, konkret bei der Volksschule Tomaschekstraße 44, wartet eine tönerne → **Katzenfamilie,** sprich eine Katzenmama mit sechs Katzenkindern. Sie alle sind ziemlich abstrakt, stark verfremdet, erinnern irgendwie an zwei Vasen oder auch an siamesische Zwillinge, sind aber doch als Katzen erkennbar. Die Künstlerin, Maria Biljan-Bilger, eine Keramikerin, kam erstmals in der Hafnerwerkstatt ihres Vaters mit Ton und Keramik in Berührung.

… nach Strebersdorf und Jedlersdorf

Ziemlich weit draußen an der Prager Straße, in Strebersdorf bei der rechts abzweigenden Mayerweckstraße, befindet sich die Anlage des Oskar-Helmer-Hofes, einer weitläufigen, verkehrsarmen Siedlung mit insgesamt 112 Stiegen. In der Meriangasse nahe der Einmündung der Göpfritzgasse treffen wir auf den steinernen *Elch* (1966) mit Bronzegeweih von Gertrude Fronius. Das nordische Tier aus Lindabrunner Konglomerat hat sich in der Wiese neben dem Gehsteig niedergelassen, blickt auf die Straße, als würde es auf ein Taxi warten. In ähnlicher Pose, sitzend, den Kopf nach vorne gestreckt und ruhig wartend, hat Fronius auch einen *Eisbären* in der Brigittenau (siehe S. 208) geschaffen.

Die Meriangasse führt zur Rußbergstraße (Umkehrschleife des 26ers). Im Innenhof der langgestreckten Wohnhausanlage Rußbergstraße 24 mit neun Blöcken und 13 Stiegen steht die Kunststeinskulptur → **Kniender Wasserbüffel** (1958) von Elisabeth Turolt. Der mächtige Büffel ist hier nicht allein, er befindet sich in Gesellschaft heimischer Tiere (*Luchs, Fischotter, Rehe, Wiesel, Wolf, Hirsch, Fasane, Eber, Hase, Fische, Fuchs* und *Falke*), deren Reliefs als Hauszeichen verewigt wurden.

In der Nähe des Strebersdorfer Ortszentrums befindet sich in der Wohnhausanlage Roggegasse 44–46, die aus drei länglichen Wohnblöcken besteht, ein roter Steinkubus mit Reliefs von Wasservögeln (1961) des Künstlers Eduard Robitschko. Das freistehende Objekt erinnert irgendwie an einen Altar und ist gegenüber der Adresse Mühlweg 105–107 zu finden. Bei den *Wasservögeln* handelt es sich nicht um quakende Enten, sondern um stolze, langbeinige Tiere, die Laien wohl als *Reiher* oder *Störche* einordnen würden.

Von Strebersdorf begeben wir uns nach Jedlersdorf. Unser Ziel sind → **Lauernde Löwinnen** in der Ödenburger Straße 73–85 von Leopold Hohl. Die Anlage wurde in den frühen 1960er-Jahren errichtet, 1963 folgte die Tiergruppe (Kunststein) bei Stiege 21. Interessant ist die Darstellung der Tiere. Während die eine Löwin in gebückter Haltung lauernd nach vorne blickt, richtet die andere, in umgekehrter Richtung liegende Löwin ihren Oberkörper auf, wendet den Kopf und folgt dem Blick der anderen Löwin.

Das wohl schönste Mosaik des 21. Bezirks steht auf einer langgezogenen Betonwand, die aufgrund ihrer Aufstellung nahe der Straße an eine Baustellenabsperrung erinnert. Zu finden ist sie am Ende der Justgasse bei der Einmündung der Ruthnergasse. Die Bezeichnung → **Fische und Pflanzen** (1966) für das Glasmosaik sagt zu wenig aus, passender wäre der Name „Riff". Anton Krejcar hat im Stil des Phantastischen Realismus die schönsten und schillerndsten Fische, umgeben von *Seeanemonen, Korallen* und *Oktopus,* auf die Wand gezaubert und damit marine Lebensvielfalt nach Transdanubien gebracht.

Rußbergstraße 24: Kniender Wasserbüffel (1958) von Elisabeth Turolt;
Ödenburger Straße 73–85 / Stiege 21: Lauernde Löwinnen (1963) von
Leopold Hohl

Justgasse / Ruthnergasse: Mosaikwand Fische und Pflanzen (1966)
von Anton Krejcar

TRANSDANUBISCHE TIERDYNAMIK

Jenes Tier, das in Transdanubien alle anderen Tiere an Ausdruck, künstlerischem Wert, Symbolik und Alter überschattet, Dominik Fernkorns → **Löwe,** liegt vor der Kirche in Aspern. Das Tier wurde unzählige Male beschrieben. Exemplarisch dafür sei der Schriftsteller Fritz Lemmermayer zitiert. In der *Floridsdorfer Zeitung* vom 22. Juni 1895 schwärmt er über jenes Tier, das an die bei den Kämpfen mit den Franzosen 1809 gefallenen Österreicher erinnert: „Alles ist gesteigerte Kraft: die Schwere des Leibes, der sich nicht mehr erheben wird, die Krallen, die sich in das Gestein einhacken, ebenso wie jedes einzelne Haarbüschel der Mähne, die gleich einem Glorienschein das Haupt umfließt. Wenn man das Werk betrachtet, so begreift man, daß der Löwe seit alten Zeiten als das Urbild der Stärke, Tapferkeit, Furchtbarkeit und Großmuth gelten konnte. Aber noch mehr: Fernkorn's Löwe entfaltet nicht blos die Kraft eines Thieres, und wär' es auch ein König, nein, er ist der symbolische Ausdruck jener Kraft und jenes Muthes, die sich in einem ganzen Heere, zum Untergange bereit, verkörpern." Enthüllt wurde der Löwe exakt 49 (!) Jahre nach der Schlacht bei Aspern, am 22. Mai 1858. Wer meint, in dem toten Asperner Löwen aus Kalksandstein ein Symbol für Napoleon zu sehen, irrt. Das Symboltier für Napoleon war der Adler, nicht der Löwe.

Von ruhenden Tieren und Reitern ...

Um bei liegenden bzw. ruhenden Tieren zu bleiben, streben wir zum Marshallhof an der Adresse Schüttaustraße 20–40. Das dortige steinerne → **Watussirind** (1955) von Gertrude Fronius gegenüber dem Goethehof liegt im Schatten eines Ahorns wiederkäuend in der Wiese. Das Tier blickt ruhig und gelassen Richtung UNO-City.

Asperner Heldenplatz: Löwe von Aspern (1858) von Anton Dominik Fernkorn

Schüttaustraße 20–40 (Marshallhof): Watussirind (1955) von Gertrude Fronius;
Rugierstraße 1 (Kindergarten): Drei Schaukelpferde (1966)
von Elisabeth Turolt

Weder vorübereilende Fußgänger noch der Verkehr vermögen es in seiner steinernen Natur (Lindabrunner Konglomerat) zu stören. Wirkt der ursprünglich aus Afrika stammende Paarhufer in Transdanubien etwas fremd, ist der Esel hier seit alters her heimisch. Quasi ums Eck, bei der Einmündung der Jungmaisstraße in den Kaisermühlendamm, steht Erich Pielers → **Müllergruppe** (1958). Die Steinskulptur, die drei Personen und einen *Esel* samt Mehlsack darstellt, nimmt thematisch Bezug auf die zahlreichen Schiffsmühlen, die am linken Donauufer verankert waren und im 19. Jahrhundert die Mehlversorgung Wiens sicherten. Pielers Esel, strahlt, wie das Watussirind von Fronius, Ruhe und Gelassenheit aus.

Der zweite transdanubische *Esel*, eine Reliefskulptur aus rötlichem Kalkstein, fand in der Grünanlage vor dem Schulgebäude in der Prinzgasse 3 Platz. Der *Eselreiter* (1986) des Bildhauers Oskar Bottoli trägt den Vulgonamen „Sancho Pansa" und ist damit einer der berühmtesten Esel der Literaturgeschichte. Zur Erinnerung: Sancho Panso ist der treue, auf einem Esel reitende Knappe des wackeren Don Quijote, der selbst auf einem Pferd (Rosinante) sitzt. Bottolis Esel wirkt ein wenig störrisch und ist offenbar (noch) nicht gewillt, dem Wunsch seines Reiters zu folgen.

Wenn es ums Reiten geht, sind die drei → **Schaukelpferde** (1966) von Elisabeth Turolt in der Rugierstraße 1 beim Otto-Affenzeller-Park zu besuchen. Die drei Aluminiumtiere im dortigen Kindergarten (kein öffentlicher Zutritt), mit rotem, gelbem und blauem Sattel, sind natürlich den Kleinen vorbehalten.

Bei dem Ensemble → **Kindergruppe auf Schildkröte** und *Knabe mit Fisch* (1966) handelt es sich um zwei auf einer Schildkröte reitende Kinder auf der einen Seite eines kreisrunden Blumenbeetes und einen Knaben, der einen großen Fisch mit geöffnetem Maul hält, auf der anderen Seite. Die ursprüngliche Brunnenanlage in der Aribogasse 28 von Franz Barwig dem Jüngeren wich einem Blumenbeet, die Figuren aus Lindabrunner Konglomerat blieben erhalten. Dass der *Fisch* einst Wasser spie, ist anzunehmen. Spielende Kinder im Brunnenbassin waren dort verboten.

Viktor-Kaplan-Straße 1–9: Hirsch (1962) von Alexander Wahl

Anders hingegen auf der Donauinsel. Beim dortigen Wasserspielplatz ragt ein überdimensionaler schwarzer, wasserspeiender *Fischkopf,* der an einen Karpfen erinnert, aus dem Wasser. Baden, besser gesagt plantschen, ist hier erwünscht.

Kinder in Kombination mit Tieren finden sich vielerorts im öffentlichen Raum, so auch neben dem Gehsteig am Biberhaufenweg 78. Die dortige *Kindergruppe mit Schafen* aus weißem Kalkstein lässt zwei Fragen offen: Wer schuf sie? Wann entstand sie?

In einer Pose des Verharrens ist der steinerne → **Hirsch** (1962) in der Wohnhausanlage Viktor-Kaplan-Straße 1–9, einer Seitenstraße der Erzherzog-Karl-Straße, von Alexander Wahl dargestellt. Das aufrecht stehende Tier auf Höhe Stiege 5 hat seinen Kopf mit

Aribogasse 28 / Stiege 13: Knaben auf Schildkröte (1966)
von Franz Barwig dem Jüngeren

Jungmaisstraße / Am Kaisermühlendamm: Müllergruppe
(1958) von Erich Pieler

Larwingasse 3: Gänsebrunnen
(1951) von Mario Petrucci

Wagramer Straße 50 / Stiege 15:
Aufspringendes Pferd
(1961/1963) von Gabriele Waldert

Langobardenstraße 53 / Weidingergasse: Auffliegende Vögel (1966)
im Kindergarten von Oskar Höfinger;
Thonetgasse 42 (Rudolf-Köppl-Hof): Bär im Kindergarten von Alexander Wahl

dem Geweih hoch erhoben und leicht zurückgebeugt. Es scheint, als würde er Witterung aufnehmen, möglicherweise beginnt er in wenigen Minuten zu röhren.

Wahl verdanken wir auch die Kalksteinskulptur → **Bär** in der Thonetgasse 42 (vor dem Kindergarten) beim Andreas-Morth-Weg. Eigentlich müsste man das Kunstwerk „Eingeigelter Bär" nennen. Wahls Meister Petz scheint sich im Winterschlaf zu befinden. Das Tier hat seinen Kopf zurückgebeugt, eng an den Körper geschmiegt, ganz so, als würde es schlafen und träumen.

... zu aufgeschreckten Tieren

Jenseits der Alten Donau finden wir in der Wohnhausanlage zwischen Anton-Sattler-Gasse und Wagramer Straße (Nr. 59, bei Stiege 15) das → **Aufspringende Pferd** (1961/1963) von Gabriele Waldert. Die helle Kunststeinplastik erinnert eher an ein sich aufrichtendes Pferd. Von Springen kann hier nicht wirklich die Rede sein. Doch „Ein sich aufrichtendes Pferd" klingt bei weitem nicht so gut wie ein „aufspringendes", und so gehen wir davon aus, dass sich der mitten in der Wiese befindliche Gaul eben aufrichtet, um dann aufzuspringen.

Eine Steigerung tierische Dynamik sind die → **Auffliegenden Vögel** (1966) im Kindergarten (kein öffentlicher Zutritt) bei der Langobardenstraße 53 (Weidingergasse) von Oskar Höfinger. Die Kunststeinplastik stellt mit vier *Vögeln*, die dicht neben- und übereinander zum Flug aufsteigen, gleichsam einen Miniausschnitt eines Vogelschwarms dar. Höfinger, der auch zahlreiche abstrakte Skulpturen aus Stahl schuf, erhielt seine breit angelegte Bildhauerausbildung bei Fritz Wotruba.

Auch der → **Gänsebrunnen** (1951) von Mario Petrucci bei der Larwingasse 3 zeigt aufgeregt schnatternde Gänse aus Bronze. Dem zentralen *Gänserich,* der von zwei nackten Knaben an den Flügeln gehalten wird, scheint das gar nicht zu behagen, er wehrt sich und schnattert am lautesten. Nicht minder leise sind die beiden anderen Gänseriche etwas weiter weg.

Karl-Tornay-Gasse 37–43 (Wiener Flur): Einer von drei Bären von Josef
Hladik

DIE SPIELENDEN TIERKINDER VON LIESING

Die Palette der Tiere aus Stein und Bronze ist im Südwesten Wiens breit gefächert. Neben Skulpturengruppen herumtollender, verspielter Jungtiere, die scheinbar alles rundherum vergessen haben und sich in trügerischer Sicherheit wähnen, schleichen in Liesing auch hungrige Großkatzen herum. Ein *Tiger* und ein *Leopard* sind auf der Jagd. Noch wurden sie von den anderen Tieren nicht entdeckt. Es ist der Fantasie des Betrachters, der Betrachterin überlassen, wen die tödlichen Prankenhiebe treffen könnten.

In Siebenhirten (Karl-Tornay-Gasse 37–43 / Baslergasse 50–66) tollen in der weitläufigen Wohnhausanlage Wiener Flur (1978–1980) die → **Drei Bären** von Josef Hladik herum. Er schuf sie aus Leithakalkblöcken in unterschiedlichen Posen: Einer sitzt aufrecht wie ein Teddybär, ein zweiter findet Spaß daran, mit seinem Kinn am Boden entlangzurutschen und der dritte Bär sieht verwundert zu. Mit einem Wort: bärig!

Wenn die Bären vergnügt herumtollen, dann wollen es zwei *Steinböcke* in der Elisenstraße 110–116 „wissen". Maria Johanna van Everdingens Bronzeskulpturengruppe (1954) besteht aus zwei jungen Steinböcken, die in Kampfposition mit gesenkten Häuptern einander gegenüberstehen, und einem sitzenden → **Hasen.** Er scheint etwas verunsichert und beobachtet die Situation aus sicherer Entfernung. Die niederländische Bildhauerin erwies sich als gute Beobachterin und hielt just jenen Moment fest, als die beiden Böcke aufeinander losgingen, um zu messen, wer der Stärkere ist. Wer von den beiden Böcken gewonnen hat, werden wir wohl nie erfahren.

Mutterseelenallein, wie bestellt und nicht abgeholt, finden wir das nächste Tier in der Gregorygasse 47 am westlichen Ende der

Elisenstraße 110–116: Hase (1954) im Kindergarten von Maria Johanna van Everdingen;
Putzendoplergasse 10: Hahn und Hennen (1961/62) von Fred Gillesberger

Canavesegasse 9–11: Eber (1956–1958) von Hubert Fiala

Karl-Scheiber-Gasse. Der *Jungochse* (1969) aus Bronze von Gabriele Waldert wirkt fast ein wenig traurig. Es scheint, als würde er sehnsüchtig nach Spielgefährten suchen, um mit ihnen herumzutollen. Da ihn die Künstlerin sehr naturalistisch dargestellt hat, fällt es leicht, emotionale Züge zu erkennen.

Der Anblick der dreiteiligen Tierplastik *Reh und zwei Junge* (1962/64) von Gertrude Fronius in der Dr.-Adolf-Lorenz-Schule in der Kanitzgasse 8 (kein öffentlicher Zutritt) ist den dortigen Kindern und dem Lehrpersonal vorbehalten. Sowohl die Rehgeiß wie auch ihre beiden Kitze strahlen Ruhe und Gelassenheit aus. Sie sind geduldige Beobachter des Tagesablaufs der Kinder und laden zum Draufsitzen ein.

Für den Kindergarten (kein öffentlicher Zutritt) an der Adresse Putzendoplergasse 10 fertigte Fred Gillesberger eine abstrakte Gruppe aus sechs bronzenen Tieren, betitelt mit → **Hahn und Hennen** (1961/62). Folgt man einem traditionellen Weltbild, Stichwort: Hahn im Korb, ist es nicht schwer, das Geschlechterverhältnis auszurechnen: Vor einem Hahn stehen fünf Hennen; innovativ wäre es andersrum gewesen: eine Henne und fünf Hähne. Als der Künstler das über einen Meter hohe Kunstwerk Anfang der 1960er-Jahre schuf, war die Zeit für derartige Interpretationen nicht reif. Alleine die Abstraktion der Tiere war damals schon innovativ.

Nahezu traditionell und keineswegs Anlass für Interpretationen bieten die zwei → **Eber** aus Lindabrunner Konglomerat. Ihre Adresse: Canavesegasse 9–15. Ihr Standort: „Am Beginn des Gehweges, der von der Canavesegasse ins Innere der Anlage führt, stehen zwei etwa einen Meter hohe Natursteinplastiken von Hubert Fiala aus den Jahren 1956 bis 1958. Sie stellen zwei Eber dar, die den offenen Eingang zur Anlage zwischen Stiege 2 und 3 flankieren" (www.wienerwohnen.at).

Rudolf-Zeller-Gasse 16 (Harry-S.-Truman-Hof): Tiger (1961) von Hubert Fiala

Von flinken Räubern ...

Selbigem Bildhauer, Herrn Fiala, verdanken wir auch einen → **Tiger** in der Rudolf-Zeller-Gasse 16. Freilich fehlen dem Tier aus weißem Kalkstein (Leithakalk) seine typischen Streifen, wobei man noch froh sein kann, dass hier die Sprayerszene nicht auf „kreative" Gedanken kam, denn das wäre wohl nicht im Sinne des Bildhauers gewesen. Fakt ist, dass etwa *Sibirische Tiger* nach Eisbären und Braunbären zu den größten an Land lebenden Raubtieren gehören. *Eber,* wie sie Fiala in der Canavesegasse schuf, wären ebenso eine willkommene Beute wie all die oben genannten Tiere, womit wir nun bei den Raubtieren angelangt wären.

Als zweite Spezies unter den Raubtieren ist der → **Leopard** von Elisabeth Turolt in der Anlage der Gutheil-Schoder-Gasse 68–76 zu nennen, die mit zwei neungeschoßigen Hochhaustürmen nord-

Gutheil-Schoder-Gasse
68–76 (Neu-Steinhof): Leopard
(1958–1960) von Elisabeth
Turolt und Elefant (1958–1961)
von Susanne Peschke-
Schmutzer

Ketzergasse 48 (Pfarrkirche
Siebenhirten):
Der gute Hirt (1950er-Jahre)
von Bohdan Zarovsky

ICH BIN DER GUTE HIRT,
ICH KENNE DIE MEINEN,
UND DIE MEINEN KENNEN MICH

westlich vom Steinsee am linken Ufer der Liesing auffällt. Besag-
ter Leopard ist eine dunkle, nahezu schwarze Kunststeinplastik
und könnte wohl auch als (Schwarzer) Panther bezeichnet werden.
Dass der Leopard kein Schmusekätzchen ist, bestätigt auch der
Eintrag auf www.wienerwohnen.at: „Die überlang abstrahierte
Plastik einer Raubkatze ist in angriffslustiger Pose mit erhobener
Pranke und aufgerissenem Maul in schwarz gefärbtem Steinguss
sehr ausdrucksstark dargestellt."

... über Wiens schönsten Spielelefanten ...

Ebenfalls in der Anlage ist die Spielplastik → **Elefant** (1958–1961) von
Susanne Peschke-Schmutzer. Um beim Schema Räuber / Beute zu
bleiben, muss einmal mehr gesagt werden, dass Elefanten in keine der beiden Kategorien fallen. Als Beutetiere sind sie selbst für
hungrige Leoparden, Tiger oder Löwen kein Thema. Der Grund ist
banal: Elefanten sind zu groß und haben keine natürlichen Feinde.
Ihr größter Feind ist der Mensch, dessen Jagdlust nach Elfenbein
zur bedrohlichen Gefahr für Elefanten wurde. Zurück zum Beton-
gusselefanten von Peschke-Schmutzer. Dank der Mosaike an Kopf
und Rücken sind Assoziationen an einen Zirkuselefanten legitim.
Damit zählt der Liesinger Elefant zu den schönsten Wiener Elefan-
tenskulpturen.

Auch wenn die Nahrung von Ibissen aus Wasserinsekten,
Krebsen, manchmal auch aus Muscheln und Fröschen, besteht,
würden wir ihn nicht als Raubtier klassifizieren. So einen Vogel,
der mit seinem langen, gebogenen Schnabel leicht zu erkennen
ist, finden wir in der Schlimekgasse 10 / Peterlinigasse. Vogelpapa,
sprich Schöpfer des → **Ibis** (1954), ist der Bildhauer Alois Heidel.
Auch wenn Ibisse Ähnlichkeiten mit Störchen aufweisen, sind sie
zoologisch eher mit den Pelikanen verwandt.

Schlimekgasse / Peterlinigasse: Ibis (1954) von Alois Heidel

Tauchen bei Tierdarstellungen vertikale Ensembles auf, handelt es sich fast ausschließlich um mehrere Tierarten. Prominentestes Beispiel sind die Bremer Stadtmusikanten mit dem Übereinander von Esel, Hund, Katze und Hahn. In Wien Meidling ist der *Zierbrunnen mit Tiersäule* (1960) im Max-Opravil-Hof (siehe S. 143) ein Beispiel vertikaler, faunistischer Vielfalt.

Ganz anders hingegen der → **Eulenturm** (1968) von Hans Knesl. Die Säule aus grau, schwarz gebändertem Wachauer Marmor in der Putzendoplergasse 3 gegenüber Nummer 22 (nahe der Gerögasse) besteht nur aus einer Tierspezies, aus übereinadergestapelten Eulen. Auch wenn sich die nachtaktiven Tiere von Mäusen, Käfern, Schmetterlingen, Reptilien, Amphibien und dergleichen ernähren, zählen wir sie nicht zu den Raubtieren, sondern zu den Flugjägern. Knesl wurde 1951 Direktor der Hochschule für angewandte Kunst (heute: „die Angewandte").

In die Kategorie, jener Denkmäler, die nicht mehr an ihrem ursprünglichen Standort stehen, fällt der → **Magna-Mater-Brunnen** von Anton Hanak, dem Grand Seigneur der heimischen Bildhauer des frühen 20. Jahrhunderts. Heute finden wir die Kolossalstatue mit vier wasserspeienden *Schlangen* aus Bronze am Brunnenrand im Rathauspark gegenüber der Speisinger Straße 258 in Mauer. Ursprünglicher Aufstellungsort war ab Herbst 1926 die Kinderübernahmestelle der Stadt Wien in der Sobieskigasse 31 / Lustkandlgasse 50 in Wien-Alsergrund. Bereits im Sommer 1924 berichteten vorab Zeitungen: „Die zweieinhalb Meter hohe Gruppe stellt eine sitzende Frauengestalt dar, deren Antlitz durch eine hingebungsvolle Mütterlichkeit verklärt ist, und die mehrere Kinder liebevoll behütend an sich preßt. Nur ein Kind hat den sicheren Hort noch nicht gefunden und sucht ihn mit ausgestreckten Händchen zu erhaschen. Am Rande des Brunnenbeckens sind vier bronzene was-

Maurer Rathauspark (ggü. Speisinger Straße 258):
Magna-Mater-Brunnen mit Schlangen (1926) von Anton Hanak

serspeiende Schlangen, Sinnbilder der Gefahren, die der Kindheit drohen. Die Mittelgruppe wird aus Laaser Marmor sein, der Sockel, aus dem sie sich erhebt, und die Umrahmung des Beckens aus dunklem Granit" (*Wiener Zeitung*, 26. Juli 1924). Die Schlange als Symbol der Gefahr und der Versuchung findet sich vor allem im christlichen Umfeld. Weit verbreitet sind Darstellungen der heiligen Maria auf einer Weltkugel stehend (Maria Immaculata), auf der sich eine *Schlange* schlängelt. Die heilige Maria steht mit einem Fuß auf der Schlange, sprich sie hat die Obermacht und ist Siegerin über das Böse. Die Darstellung Hanaks hingegen zeigt keine bezwungenen Schlangen, sondern Tiere, die sich neugierig aufrichten, erschreckend wirken und Gefahr darstellen. Lediglich der große Abstand zur zentrale Figur der Mutter und den vier Kindern gibt noch eine gewisse Sicherheit.

Zu guter Letzt noch ein Abstecher in die Ketzergasse, ganz im Süden Wiens. Die in ostwestlicher Richtung verlaufende Straße verbindet Siebenhirten, Liesing und Rodaun und bildet über weite Strecken die Grenze zu Niederösterreich. Beim Hans-Weber-Hof (Nr. 40) in der Nähe der Triester Straße stoßen wir auf das abstrakte Kunstwerk *Baum mit Vögeln* von Ilse Pompe-Niederführ. Das bunt kolorierte Objekt aus Kunststein, das sichtlich einen Baumstrunk darstellt, wird oben von einem Vogelnest bekrönt, unten entdecken wir einen *Specht*. Ein riesiges Loch im stilisierten Baumstrunk und Vertiefungen zeigen, dass der Specht hier schon höchst aktiv war.

Putzendoplergasse / Gerögasse: Eulenturm (1968) von Hans Knesl

Dank

Für Hilfe bei Tierbestimmungen danken wir Silke Schweiger und Hans Martin Berg vom Naturhistorischen Museum. Für die Erlaubnis, Tierplastiken in städtischen Kindergärten zu fotografieren, bedanken wir uns bei Kathrin Pelzer (MA 10) und bei Martin Kotinsky für den Zutritt in die Wiener Bäder. Waltraud Rumpl (Wiener Wohnen) hat uns in den Wiener Gemeindebauten Tür und Tor geöffnet. Ihr gebührt ebenso unser Dank wie Ulrike Marinoff vom Presseinformationsdienst der Stadt Wien (PID), die das Projekt tatkräftig unterstützt hat. Der Schloß Schönbrunn Kultur- und Betriebsges.m.b.H., der Rudolfinerhaus Privatklinik GmbH sowie der Sabo + Mandl & Tomaschek Immobilien GmbH gilt unser Dank für die Erteilung von Fotogenehmigungen ebenso wie Marietta Deix und der Friedhöfe Wien GmbH.

Literatur

Arnold, Lukas / La Speranza, Marcello: Mosaikwelt Wien. Mokka, Wien 2022.

Auenhammer, Gregor / Trumler, Gerhard: Die Brunnen Wiens: eine feuilletonistisch-fotografische Expedition. Bibliothek der Provinz, Weitra 2022.

Autengruber, Peter / Schwarz, Ursula: Lexikon der Wiener Gemeindebauten. Namen – Denkmäler –Sehenswürdigkeiten. 2., überarb. Aufl., Wundergarten, Wien 2023.

Bousska, Hans Werner: Wiener Gemeindebauten, Licht in der Wohnung – Sonne im Herzen. Sutton, Erfurt 2017.

Donner, Josef: Auf springt der Quell. Wasser im Stadtbild – ein Wiener Brunnenlexikon. I. Bezirk. Bd. 1. ÖVGW, Wien 1998.

Donner, Josef: Auf springt der Quell. Wasser im Stadtbild – ein Wiener Brunnenlexikon. II.–IX. und XX. Bezirk. Bd. 2. ÖVGW, Wien 2002.

Hajós, Beatrix: Schönbrunner Statuen, 1773–1780: Ein neues Rom in Wien. Publikationsreihe der Museen des Mobiliendepots, Bd. 19. Böhlau, Wien / Köln / Weimar 2004.

Hammerschmid, Michael: stopptanzstill! – Wiener Tier Figuren Gedichte. Picus, Wien 2023.

Kapner, Gerhardt: Die Denkmäler der Wiener Ringstraße. 2. Aufl., Jugend & Volk, Wien / München 1969.

Kapner, Gerhardt: Freiplastik in Wien. Wiener Schriften, Bd. 31, Jugend & Volk, Wien / München 1970.

Lehne, Andreas: Wie kommt der Hirsch aufs Dach – 60 erstaunliche Entdeckungen in Wien. 2. Aufl., Metroverlag, Wien 2014.

Kos, Wolfgang / Öhlinger, Walter (Hg.): Tiere in der Großstadt. Wien Museum, Wien 2005.

Nierhaus, Irene: Kunst-am-Bau im Wiener kommunalen Wohnbau der fünfziger Jahre. Kulturstudien bei Böhlau, Sonderband 10, Böhlau, Wien / Köln / Weimar 1993.

Settele, Matthias: Denkmal. Wiener Stadtgeschichten. Vom Walzerkönig bis zur Spinnerin am Kreuz. Deuticke, Wien 1995.

Wailand, Markus / Weh, Vitus H. (Hg.): Zur Sache Kunst am Bau. Ein Handbuch. Triton, Wien 1998.

Nachschlagewerke

Bundesdenkmalamt (Hg.): Dehio-Handbuch Wien, I. Bezirk – Innere Stadt. Verlag Berger, Horn 2007.

Bundesdenkmalamt (Hg.): Dehio-Handbuch Wien, II. bis IX. und XX. Bezirk. 2., unver. Aufl., Verlag Berger, Horn 2014.

Bundesdenkmalamt (Hg.): Dehio-Handbuch Wien, X. bis XIX. und XXI. bis XXIII. Bezirk. Verlag Berger, Horn 2017.

Österreichische Galerie (Hg.): Kunst des 20. Jahrhunderts. Bestandskatalog der Österreichischen Galerie in Wien. Band 1: A–F. Brandstätter, Wien 1993.

Österreichische Galerie (Hg.): Kunst des 20. Jahrhunderts. Bestandskatalog der Österreichischen Galerie in Wien. Band 2: G–K. Brandstätter, Wien 1995.

Österreichische Galerie (Hg.): Kunst des 20. Jahrhunderts. Bestandskatalog der Österreichischen Galerie in Wien. Band 3: L–R. Brandstätter, Wien 1997.

Österreichische Galerie (Hg.): Kunst des 20. Jahrhunderts. Bestandskatalog der Österreichischen Galerie in Wien. Band 4: S–Z. Brandstätter, Wien 2001.

Internetquellen

ANNO – AustriaN Newspaper Online
https://anno.onb.ac.at/

Burghauptmannschaft Österreich – Geschichte der Hofburg Wien
www.burghauptmannschaft.at/Themen/Hofburg-Wien/Geschichte-der-Hofburg-Wien.html

Das rote Wien – Weblexikon der Wiener Sozialdemokratie
https://dasrotewien.at/

Franziskusdenkmal der Siedlung Starchant
http://www.pfarre-starchant.at/geschichte/0/articles/2007/01/12/a3220/

Hubert Wilfan Bildhauer, Maler, Grafiker 1922–2007
https://wilfan.jimdofree.com

Kunstwerke im öffentlichen Raum
https://www.wien.gv.at/kulturportal/public/

Österreichische Akademie der Wissenschaften: Türkengedächtnis (Wien 18, Türkenschanzpark, Kosaken-Denkmal)
www.oeaw.ac.at/tuerkengedaechtnis/denkmaeler/ort/tuerkenschanzpark-kosaken-denkmal

Schloss Schönbrunn: Geschichte
https://www.schoenbrunn.at/ueber-schoenbrunn/das-schloss/geschichte

Stadt Wien/Wiener Wohnen/Der Wiener Gemeindebau/Gemeindebaubeschreibungen
https://www.wienerwohnen.at/wiener-gemeindebau/gemeindebaubeschreibungen.html

TU Wien Bibliothek – Das Bibliotheksgebäude
www.tuwien.at/bibliothek/ueber-uns/das-bibliotheksgebaeude

(Alle zuletzt eingesehen am 31.01.2024)

REGISTER

AUTOR

THOMAS HOFMANN

Foto: Stefan Sappert

Thomas Hofmann: Studium der Erdwissenschaften an der Universität Wien. Bibliothekar an der GeoSphere Austria. Seit 1991 freiberuflich als Autor tätig. Zahlreiche Bücher und Beiträge mit Schwerpunkt Wien und Niederösterreich. Seit 2019 monatlicher Blog: Wissenschaftsgeschichte(n) auf Standard.at. *www.thomashofmann.at*

FOTOGRAF

REINHARD MANDL

Foto: Peter Steffen

Geboren 1960 in Amstetten, lebt seit 1980 in Wien. Als junger Völkerkundestudent entdeckte er in nordamerikanischen Indianerreservaten seine Liebe zur Fotografie. Er gestaltete mehrere Fotodokumentationen über „Native Americans" und in den 1990er-Jahren erfolgreiche Reisediashows. Seit 2000 beschäftigt sich Mandl mit Wien-Themen. Neben Fotoausstellungen (Wien im Jahr 2000 im Wien Museum, Wien.blicke 2014 im MUSA) verfasste er sechs Wien-Bücher.